세계의 왕실

세계의 왕실

1판 1쇄 인쇄 2016년 12월 15일
1판 1쇄 발행 2016년 12월 25일

지은이 홍길용, 한지숙, 문영규, 이수민, 문재연

발행처 고즈윈
발행인 이은주

신고번호 제300-2005-176호
신고일자 2005년 10월 14일

주소 (04029) 서울시 마포구 양화로 7길 84 영화빌딩 4층
전화 02-325-5676
팩스 02-333-5980

값은 표지에 있습니다.

ISBN 979-11-87904-00-7 03300

세계의 왕실

홍길용, 한지숙, 문영규, 이수민, 문재연 지음

갓스윈
God'sWin

서문

인류 역사에서 왕은 오랜 기간 절대 권력의 상징이었다. 하지만 이제 절대 군주는 중동과 아프리카 몇 곳을 제외하고는 없다. 그런데 민주정을 채택하는 나라에서도 왕을 국가 원수로 두는 곳들이 아직 상당하다. 왜 왕을 둘까?

권력을 갖든, 그렇지 않든 군주제 국가에서 왕은 일종의 기준이다.

영국의 왕위 계승 1순위 찰스 왕세자는 인기가 없다. 하지만 다이애나 공비와 사이에 난 아들인 윌리엄 왕자는 평판이 좋다. 특히 윌리엄의 부인인 캐서린 매들턴의 인기가 높다. 영국인들이 화목한 가정의 모습을 왕실에서 보고 싶어 해서다. 엘리자베스 여왕도, 윌리엄 왕세손도 화목한 가정을 꾸리고 있다. 반면 찰스 왕세자는 다이애나와 결혼 기간에도 밀월 관계를 갖던 카밀라와 재혼했다.

2016년 10월 13일 푸미폰 아둔야뎃ภูมิพลอดุลยเดช, Bhumibol Adulyadej 태국 국왕이 서거했다. 빈곤 퇴치와 경제 개발에 치적이 큰 아둔야뎃 국왕이었다. 국민들의 존경심도 엄청났다. 하지만 유일한 아들인 마하 와찌랄롱꼰มหาวชิราลงกรณ은 곧바로 왕위를 잇지 못했다. 논란에 휩쓸렸던 사생활 탓이다. 결국 그가 왕관을 쓴 것은 부친인 라마 9세 서거 50여 일 후인 12월 1일 의회의 승인을 받은 직후였다.

왕은 국가를 위한 솔선의 상징이어야 한다.

입헌 군주국은 물론이고 절대 군주 국가에서도 남자 왕족들은 반드시 군대를 간다. 영국의 경우 수년 이상 최전선에서 근무하는 게 원칙이다. 예전 절대 군주들은 권력을 지키기 위해 군권軍權을 지켰지만, 오늘날의 왕족은 국민을 지키는 데 솔선하기 위해 군복을 입는다. 이 때문에 다른 사회 기득권들에게도 왕족들의 솔선은 '명예의 기준'이 된다.

실권 없는 왕이지만 나라의 최후의 보루 역할도 한다.

2016년 8월 8일 일본 아키히토ぁきひと, 明仁 국왕도 사의를 밝힌다. 건강상의 이유가 표면적인 이유지만, 헌법 개정을 통해 재무장을 하려는 아베 신조安倍晋三 총리를 견제하기 위해서라는 게 다수의 해석이다. 제2차 세계대전으로 한때 주권을 잃었던 기억이 있는 일왕이다.

네덜란드의 빌헬미나 여왕은 두 차례의 세계대전 동안 망명 정부를 도우며 나라를 지켰다. 영토는 잃었지만 여왕의 존재 자체가 국민들에게 최후의 보루가 된 셈이다. 네덜란드에서는 아직도 '왕실 모독죄'가 존재한다.

'왕실 모독죄'가 존재하는 태국에서도 라마 9세는 마지막 보루였다. 쿠데타 때마다 성공 여부는 라마 9세의 승인이 좌우했다. 최후의 상황에서 마지막 기준을 제시하는 역할을 한 셈이다.

결국 왕은 아직도 나름 필요한 이유 때문에 존재한다. 특히 정치적 혼란이 크거나, 사회적 갈등이 큰 경우 왕은 기준점과 해결사 역할을 할 수도 있다. 신분제는 사라졌지만, 민주 사회에서도 다양한 계급이 존재한다. 특히 그 사회를 이끄는 주도 세력이나 계급들에 요구되는 기준이 있기 마련이다.

이런 점에서 세계의 주요 왕실에 대한 이해가 도움이 될 수 있다. 왕실에 대한 이해가 그 나라의 역사에 대한 이해를 돕는 것은 덤이다.

《헤럴드경제》에서 2015년 하반기 6개월여 동안 연재된 〈세계의 왕실〉을 단행본으로 묶은 이 책은 사실 꽤 부족하다. 왕실을 제대로 다루려면 사실 그 나라의 역사 상당 부분을 다뤄야 하기 때문이다. 각 나라를 한 권으로 쓰는 것도 부족하다. 한정된 지면에 다룬 기사로 책을 엮은 것은 '수박 겉핥기'라는 지적에서 결코 자유로울 수 없다. 신문과 달리 일반 단행본에는 엄격한 저작권이 따르는 탓에 사진 자료도 부족하다. 그럼에도 굳이 책을 낸 이유는 왕실에 대한 이해와 사회 지도층의 책임에 대한 깊이 있는 고민을 시작하는 데 작은 씨앗이 되길 바람에서다. 기회가 되면 좀 더 깊이 있는 연재를 다시 시작하려 한다. 이해와 격려를 바란다.

2016년 12월 홍길용

차례

서문 6

chapter
1

유럽

chapter
2

아시아

chapter
3

중동·
아프리카

chapter

1

유럽

Royal Families of the World

국기	개요	
	국왕	엘리자베스 2세
	왕가명	윈저
	수도	런던
왕실 문장	면적	24만 3,610km²
	인구	약 6,374만 명
	1인당 GDP	4만 4,118달러
	언어	영어
	주요 종교	성공회

: 계보도

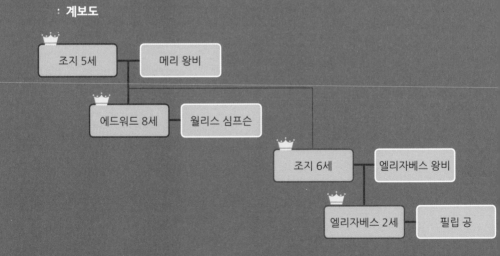

영국

스타 못지않은 인기를 누리는 왕실 사람들

2015년 영국은 여러 경사가 겹쳐 축제 열기로 휩싸였다. 근대 헌법의 기초가 된 '마그나 카르타Magna Carta, 대헌장' 제정 800주년이 되던 해였다. 1215년 6월 15일, 런던 템스 강변 러니미드에서 폭군 존이 귀족들의 요구에 굴복해 왕권을 제한하고 귀족의 자유를 3,500자의 라틴어로 명시한 양피지, '마그나 카르타'에 서명했다. 그로부터 800년이 지난 2015년 6월 15일에 러니미드 공원에는 엘리자베스 2세 여왕의 동상이 건립됐고 영국 곳곳의 교회는 기념 타종을 했다. 국립 영국도서관은 현존하는 '마그나 카르타' 원본 네 점을 전시하는 특별전과 각종 세미나로 분주했다. 영국뿐 아니라 호주, 뉴질랜드 등 영연방 회원국에서도 '마그나 카르타' 800주년을 기리는 다양한 행사가 열렸다.

최장수 재위를 기록한 날 집무실에서 엘리자베스 2세 © royal.uk

현대 입헌군주제의 모델로 평가받는 영국이 지난 800년 동안 왕권과 시민권의 균형을 유지하며 의회 민주주의의 모델로 인정받은 비결은 뭘까. 엘리자베스 2세 여왕을 비롯해 윌리엄·케이트 왕세손 부부, 증손자 조지 왕자까지, 영국 왕실 사람들의 일거수일투족이 세계 언론의 스포트라이트를 받으며 스타 못지않은 인기를 누리고 있다. 절대왕정주의 시대에 엘리자베스 1세가 생일에 전국을 돌며 이미지 정치를 폈듯, 현 영국 여왕은 매해 자신의 생일을 축하하는 분열식에서 환호하는 시민을 향해 손을 흔든다. 영국 왕실 지지도는 유럽 왕가에서도 가장 높다. 이는 엘리자베스 2세가 민의를 거스르지 않고, 상·하원과도 크게 갈등하지 않는 등 절묘한 균형을 잡아왔기 때문이었다는 분석이 많다. 1952년에 즉위한 여왕은 2015년 9월 10일로 왕위에 오른 지 무려 63년 7개월을 넘어서며, 고조할머니인 빅토리아 여왕(재위 1837~1901)을 제치고 역대 최장수 국왕 재위 기록을 새로 썼다. 이날 여왕은 "(이날을) 기다린 건 아닙니다. 오래 살다 보면 여러 가지 의미 있는 날들을 맞게 됩니다"라고 짤막한 소감을 말했다. 90세인 여왕의 생애 동안 영국 총리만 무려 열여덟 명, 미국 대통령은 열다섯 명이 바뀌었다. 모후인 엘리자베스 왕비는 101세로 서거했는데, 여왕도 장수 유전자를 타고난 듯하다.

여왕은 정치적 실권이 없지만, 연합 왕국의 고비마다 사회 통합을 이끌고, 영국적 가치와 전통을 대변해 온 것으로 평가받는다. 제2차 세계대전 직후 미국 문화의 유입, 인도와 파키스탄 등 옛 식민지 영토의 독립, 이민자의 증가로 영국인의 정체성이 흔들릴 때도 여왕은 세계를 돌며 영국 연방의 결속을 다졌다. 여왕은 16세인 1942년 제2차 세계대전 중 영국 근위보병대 연대장에 취임하는 등 전시에도 국민 가까이에 있었다. 이는 이후 왕자들의 입대 전통을 만들었다. 그는 2014년 9월 스코틀랜드 분리 투표 당시에도 "미래를 신중하게 생각하기 바란다"라고 발언하며 통합 여론에 힘을 실었다. 투표 결과 분리 반대가 예상을 뛰어넘어 훨씬 높게 나왔다.

영국에서 군주제에 대한 찬반 여론은 8 대 2 정도로 갈린다. 60대 이상 노년층에서 군주제에 대해 비판적인 시각을 갖는 것은 반역죄에 버금가는 금기사항이다. 하지만 부의 양극화와 높은 실업률의 시대를 사는 젊은 층에선 다르다. 세금으로 케이트 미들턴 왕세손비의 쇼핑 비용을 대주느니, 일자리 창출에 쓰는 게 백배 낫다는 비판적인 시각이 적지 않다. 공화국 지지자(군주제 반대자)들은 입헌군주제는 시대착오적이며 비민주적인 체제로, 영국이 공화국으로 바뀌는 것은 시간문제라는 인식을 공유하고 있다. 영연방 회원국에서도 여왕을 통한 결속력이 느슨해지고 있다.

영국 여론조사기관 '입소스모리'의 조사를 보면 엘리자베스 2세 재위 기간 동안 이 같은 군주제 반대(공화국 지지) 여론은 20퍼센트대를 넘은 적이 없다. 1969년 18퍼센트, 1993년 18퍼센트, 2002년 19퍼센트, 2011년 18 퍼센트다. 또 다른 여론조사기관 '콤레스'의 2013년 조사에서는 17퍼센트 로 이보다 더 낮았다. 지난 수십 년 동안 영국인의 70퍼센트 이상이 여왕의 군림을 기꺼이 받아들인 셈이다. 그런데 이 조사에서는 영국인 75퍼센트가 향후 50년 안에 영국이 공화정으로 바뀔 것으로 믿었다. 공화정 지지는 남성(22퍼센트), 25~34세(22퍼센트), 노스이스트 지역(26퍼센트)에서 가장 높았다.

여왕은 '군림하되 통치하지 않는다'는 원칙 아래 되도록 정치적 중립을 지켜왔다. 하지만 2015년 5월 독일 대통령궁에서 "유럽의 분열은 위험하다"며 영국의 유럽연합EU 탈퇴 반대를 시사해 논란이 일었다. 선출 권력보다 더 큰 실권은 없음에도 여왕의 한마디는 여러 해석을 낳았다.

뉴욕 주립대학교 얼바니 대학의 론 버저 교수는 학교 웹사이트에 "왕정은 엘리트들이 뒤에 숨을 연막을 제공한다"고 지적했다. 마크 이스턴 BBC 편집인은 "왕정은 신속하고 무서운 변화에 맞서는 방파제를 대신한다"고 했다.

왕실의 뿌리

세계에서 가장 높은 인기를 누리고 있는 영국 왕실은 1,000년이 넘는 역사를 자랑한다. 부계父係 상속 원칙과 남자만 왕위를 이어온 동양과 달리 모계母係 상속과 여자도 왕위를 잇는 전통이 유럽 왕가의 특징이다.

앵글로색슨족의 브리튼 섬 세력 확장에서 시작된 웨섹스 왕가는 노르만, 플랜태저넷, 랭커스터, 요크, 튜더, 스튜어트, 하노버 왕조 등을 거쳐 오늘날 윈저 왕가에 이르렀다. 노르만 왕가 이후, 거리는 멀지만 혈통의 연속성은 유지돼 왔다.

언제부터를 영국 왕실의 시작으로 봐야 하는지에 대해서는 다소 이견이 있지만, 그 시발점에 앵글로색슨족이 있다는 데는 의견이 일치한다.

9세기 7왕국으로 쪼개져 있던 잉글랜드는 웨섹스의 알프레드 대왕에 의해 통일된다. 하지만 혈통으로 영국 왕실의 시작을 따진다면 11세기 브리튼 섬을 무력으로 점령한 노르만 왕가로 보는 게 설득력이 높다.

윌리엄 1세로 시작된 노르만 왕조는 그의 막내아들 헨리 1세가 세상을 떠난 뒤 위기에 처한다. 윌리엄 1세의 조카 스티븐이 왕위를 이었지만, 헨리 1세의 딸 마틸다가 당숙에 맞서 왕위 계승권을 주장했고 마틸다는 프랑스 앙주 백작과 결혼했다. 결국 스티븐의 뒤를 이은 것은 마틸다의 아들 헨리 2세다. 부계는 프랑스 앙주 백작이다. 동양으로 치면 헨리 1세의 프랑스 외손자가 왕위를 이은 셈이다. 헨리 2세가 앙주 왕가, 즉 플랜태저넷 왕가의 시작이다.

플랜태저넷 왕조는 리처드 2세 때 정치에 불만을 품었던 왕의 사촌들이 귀족들을 규합해 반란을 일으킨다. 이 반란이 성공해 막을 열게 된 것이 랭커스터 왕조다. '붉은 장미'가 상징인 랭커스터 왕가는 '흰장미'가 상징인 요크 가문과 장미전쟁을 벌인다. 최후의 승자는 요크 가문이었다.

플랜태저넷 왕가 이후 방계(傍系)인 랭커스터 왕가와 요크 왕가가 왕위를 잇는다. 가문의 서열이나 직계로 왕위가 이어지지 않았기 때문에 랭커스터나, 요크 같은 이름이 붙었다. 공작이나 백작 때의 영지 이름이 왕가의 이름으로 쓰인 것이다.

튜더 왕가는 리치먼드 백작인 에드먼드 튜더와 랭커스터 가계의 마거 릿 보퍼트 사이에서 태어난 헨리 7세가 시작이다. 헨리 7세는 요크 왕가 의 마지막 왕인 리처드 3세를 무력으로 물리치고 튜더 왕조 시대를 연다.

튜더 왕조의 엘리자베스 1세는 미혼이라 자식이 없었다. 우여곡절 끝에 이복언니이자 스코틀랜드의 여왕인 메리 1세의 아들 제임스 스튜어드가 엘리자베스 1세의 뒤를 이었다. 스튜어트 왕조 때부터 스코틀랜드와 잉글 랜드가 하나로 묶인 것이다.

스튜어트 왕조의 마지막 군주인 앤 여왕도 후사가 없었다. 그래서 제임 스 1세의 후손으로 앤 여왕의 먼 친척 오라버니뻘인 독일 하노버의 선제후 게오르그 루트비히가 조지 1세로 즉위해 하노버 왕조가 시작된다.

하노버 왕조는 빅토리아 여왕 때 '해가 지지 않는 나라'로 영국의 최전성 기를 구가한다. 인도 황제를 겸한 것도 하노버 왕조 때다. 빅토리아 여왕은 자녀들을 모두 유럽 왕가와 혼인시켜 노년에는 '유럽의 할머니'로 불렸다. 덕분에 지금의 영국 왕실도 웬만하면 유럽 왕실들과 연결된다.

빅토리아 여왕은 외사촌이며 독일계인 작센 코부르크 고타 가문의 앨버 트 공자와 결혼해 아들 에드워드 7세를 낳는다. 이때부터 영국의 왕가는 작센 코부르크 고타 왕가로 바뀌고 제1차 세계대전으로 독일이 적국이 되 면서 1917년 윈저 왕조로 개명한다. 윈저 왕조의 첫 국왕은 엘리자베스 2 세의 할아버지인 조지 5세다.

귀족, 왕실의 든든한 지지기반

입헌군주제에서 귀족은 대체로 법적 특권을 누리지 못한다. 하지만 영국의 귀족은 여전히 상원의원에 오를 수 있는 등 일부 공적 특전을 갖는다. 이들은 가장 든든한 왕실의 지지기반이다.

세습 귀족과 종신 귀족

영국의 세습 귀족Lord은 공작Duke, 후작Marquess, 백작Earl, 자작Viscount, 남작Baron 등이다. 공작의 칭호는 왕의 배우자나 왕과 가까운 혈족에게 부여되는 경우가 많다. 엘리자베스 2세의 부군은 에든버러 공The Duke이라 불린다. 윌리엄 왕세자 부부의 호칭은 케임브리지 공작과 공작부인The duke and Duchess of Cambridge이다.

하지만 1965년 이후 비非왕족 출신에 대한 세습 귀족 작위 수여 사례는 거의 없다. 현재 영국의 세습 귀족 가문은 약 900개다. 성립 시기에 따라 잉글랜드 귀족, 스코틀랜드 귀족, 아일랜드 귀족, 그레이트브리튼 귀족, 연합왕국 귀족으로 구분된다.

스스로 이룬 업적으로 당대 동안 귀족의 지위를 갖는 종신 귀족들도 있다. 기사Knight 작위가 대표적이다. 비틀즈의 멤버였던 폴 매커트니와 〈반지의 제왕〉에서 사루만으로 열연했던 크리스토퍼 리, 세계 최고의 부호인 빌 게이츠 마이크로소프트 회장이 기사 작위를 수여받았다. 전쟁 성폭력 근절을 위해 목소리를 높인 안젤리나 졸리도 여성 작위인 데임Dame을 받았다.

귀족들만의 세계, 영국 상원

선출직으로 구성된 영국 하원과 다르게 상원은 성직 귀족, 법률 귀족, 세습 귀족, 종신 귀족 등 귀족만이 구성원이 될 수 있으며 종신직이다. 2015년 기준 785명의 상원의원 중 672명이 종신 귀족이지만 세습 귀족도 87명에 달한다. 나머지는 캔터베리 대주교, 요크 대주교와 기타 주교 등 26명의 성직 귀족이다.

조세와 재정 지출 관계 법안을 제외한 모든 법률안은 상하 양원을 모두 통과해야 한다. 물론 상원은 주로 법안을 수정하거나 입법을 지연하는 기능만 한다. 상원이 동의하지 않은 법안이라도 1년이 지나면 하원이 단독으로 처리할 수 있다.[1] 헌법 대신 관습이 기준이 되는 영국의 법체계에서 상원은 보이지 않는 기준이 되기도 한다.

노블레스 오블리주, 군 복무에 솔선수범

왕실과 귀족이 영국에서 특전을 누릴 수 있는 이유 가운데는 '노블레스 오블리주'가 있다. 특히 군 복무를 자처해 위기 상황에서 최전선에 뛰어드는 이들의 용기는 상류층의 모범으로 여겨져 왔다. 엘리자베스 2세도 제2차 세계대전 중 19세의 나이로 수송장교로 복무했다.

영국은 징병제가 폐지된 국가지만 병역법으로 왕실이나 왕실에 속한 귀족만큼은 장교 신분으로의 군 복무를 의무화했다. 왕위 계승 서열 5위의 해리 왕자도 10년 동안이나 군 복무를 했다. 특히 영국의 왕자들은 후방이나 국내가 아닌 최전선에서 근무했다. 해리 왕자는 2007~2008년과

---

1. 〈영국의 상원House of Lords〉, 《영국 개황》, 외교부, 2011

2012~2013년, 두 차례에 걸쳐 아프가니스탄에 파병을 다녀왔다. 삼촌 앤드류 왕자는 1982년 포클랜드 전쟁에 참전했다.

귀족학교로 전통이 깊은 이튼칼리지의 묘지는 귀족들의 자랑이기도 하다. 이튼칼리지 학생은 전쟁이 나면 참전뿐 아니라 최전방에 자원하는 것이 전통이다. 그래서 이곳 묘지에는 그간 전쟁터에 나가 숨진 이튼 출신들의 묘비가 수백 개나 자리 잡고 있다.

귀족의 명맥을 이어가는 명문 학교

상당수의 귀족가 자제들은 명문 학교를 거치면서 귀족으로서의 인성을 갖춘다. 앞서 언급된 이튼칼리지가 대표적인데, 윌리엄 왕세자와 해리 왕자도 이 학교에서 공부했다. 졸업생의 상당수가 옥스퍼드와 케임브리지 등 명문 대학으로 진학한다. 역대 영국 총리 19명이 거쳐간 학교로도 유명하다.

킹스 칼리지스쿨, 웨스트민스터스쿨, 해로스쿨 등도 귀족 가문 자제들이 모이는 곳이다. 이들 학교는 한 해 교육비만 수천만 원에 달한다.

왕위 계승자는 누가 될까?

2015년 5월 27일. 엘리자베스 2세 여왕이 영국의회 개원State Opening 연설을 했다. 이른바 'Queen's Speech'다. 군림하되 통치하지는 않지만, 귀족과 평민의 대표가 한데 모인 자리에서 영국 국왕은 "나의 정부는 ~을 할 것이다"라며 의회의 문을 연다.

물론 한 해 정부의 정책 방향이 담기는 이 연설문은 정부 여당에서 작성하지만, 이는 영국의 3대 권력은 군주, 귀족원, 평민원으로 구성됨을 상징한다.

정치 개입은 왕실의 금기

영국은 국왕과 왕실은 정치 행사에는 참여하지만, 정치에 참여하는 것은 엄격히 금지된다. 과거 국왕과 의회는 정치 권력을 두고 많은 피를 흘렸던 역사가 있기 때문이다.

찰스 왕세자가 2004~2005년에 총리, 산업부 등 일곱 개 부처 장관에게 서한을 보내 군 장비, 환경, 학교 급식 등의 문제에서 영향력을 행사하려 든 사실이 《가디언》의 보도에 이어 2014년 5월 법원 판결에서도 사실로 드러났다. 2015년 5월 엘리자베스 2세는 독일 방문 중에 영국의 유럽연합 탈퇴, 즉 '브렉시트BrExit'에 반대하는 듯한 연설을 해 논란이 됐다. 브렉시트가 정치, 사회적으로 떠들썩하던 때 논란에 기름을 부은 격이다.

63년이 넘는 엘리자베스 2세의 재위 기간이 영국 왕정을 안정시켰지만, 그녀 이후 영국 왕실이 유지될지는 단정할 수 없다. 특히 최근 부의 양극화, 높은 실업률, 치솟는 부동산 가격, 보수당 정부의 복지 예산 축소로 가뜩이나 심기가 불편해진 국민 여론은 왕실에 세금이 들어가는 사실 자체를 곱게 여기지 않는다.

2012년 4월에 발효된 군주보조금법에 따라 왕실은 왕실 소유 부동산 등에서 나오는 수익금의 15퍼센트를 지원받는다. 왕실 보조금은 회계연도를 기준으로, 2012~2013년에 3,100만 파운드(약 527억 원), 2013~2014년에

3,570만 파운드(약 627억 원), 2014~2015년에 3,790만 파운드(약 666억 원), 2015~2016년에 4,000만 파운드(약 703억 원)로 매해 늘어왔다.

이 때문에 보조금을 받는 왕족의 범위를 제한해야 한다는 목소리가 높다. 전전 국왕인 조지 5세의 자녀, 즉 엘리자베스 2세의 사촌까지 아우르는 지급 범위를 엘리자베스 2세의 직계로 좁혀야 한다는 것이다.

여론조사기관 '유고브'가 2015년 2월 실시한 여론조사에서는 '찰스 왕세자의 동생인 앤 공주, 앤드류 왕자, 에드워드 왕자는 물론 그들의 자녀(여왕의 손자)에게도 보조금을 주지 말아야 한다'는 응답이 많이 나왔다. 왕위 계승 1순위인 찰스 왕세자 부부에 대한 지급 찬성(56퍼센트)은 상대적으로 높았지만, 역시 다이애나의 피가 흐르는 윌리엄 왕세손 부부(59퍼센트)보다는 낮았다.

왕실 보조금이 전체 공공 지출에서 차지하는 비중은 0.005퍼센트, 납세자 부담은 1인당 0.58파운드(약 1,019원)로 추산된다.

왕실의 보이지 않는 힘, 고故 다이애나

왕위 계승 1순위는 찰스 왕세자지만, 정말 인기가 없다. 국민적 지지를 받았던 다이애나와 이혼하고 카밀라 콘월 공작부인과 재혼한 데다, 최근 국정 개입 논란을 일으킨 탓이다. 나이도 이미 칠순을 바라본다. 늙은 새 국왕의 등극은 국민적 관심사가 아니

찰스 왕세자 ⓒ찰스 왕세자 인스타그램

다. 국민의 사랑을 받지 못한 국왕은 그 어떤 역할도 하기 어렵다. '장수

왕가'임을 감안할 때 찰스 왕세자의 치세가 상당기간 유지될 수도 있다.

이 때문에 왕정 유지를 위해서는 찰스 왕세자를 건너 2위인 윌리엄 왕세손이 왕위를 계승해야 한다는 목소리가 크다. 무엇보다 윌리엄 왕자는 다이애나의 아들이다. 윌리엄 왕세손의 자녀에게 국민적 관심이 쏠린 데에는 '다이애나의 손주들'이라는 배경이 있다.

하지만 군주가 생전에 먼저 퇴위하고, 차기 왕을 지정한 전례는 영국에 거의 없다. 따라서 찰스 왕세자가 왕위 계승을 포기하는 형식으로 윌리엄에게 왕위를 물려줄 수 있다는 관측이 제기되고 있다. 게다가 엘리자베스 2세의 부왕인 조지 6세는 형 에드워드 8세가 심프슨 부인과의 결혼문제로 퇴위하면서 왕위에 오르기로 했다.

영국의 차기 국왕은 선왕 서거 후 제임스 궁에서 추밀 고문관, 귀족, 영연방의 고등판무관 등이 참석하는 '즉위위원회'에서 논의한다. 논의는 상당 시간 진행될 수 있다. 엘리자베스 2세의 경우 조지 6세 서거 1년 뒤에야 전 세계에 생중계된 즉위식에서 왕관을 썼다.

왕위 계승 서열은 찰스 왕세자, 윌리엄 왕세손, 조지 왕자, 샬럿 공주, 해리 왕자, 앤드류 왕자 등의 순서로 직계 장자가 우선이다. 아들이 없을 경우 딸이 승계할 수도 있다.

여왕 서거를 준비하는 영국

'엘리자베스 여왕이 킹 에드워드 7세 병원에서 치료를 받고 있다. 곧 성명 발표.' 2015년 5월 영국 공영방송 BBC 기자가 트위터에 게시한 글이다. 결국 오보로 밝혀졌지만, 영국이 89세의 고령인 여왕의 서거에 대비하고 있음을 보여주는 사건이었다.

주한 영국대사관도 "여왕의 서거 상황에 대비하고 있다"며 "준비 사항을 자세히 공개하지 못하지만 조지 6세 전 국왕의 서거 전례가 참조된다"고 했다.

영국 왕실은 현대에 들어서 조지 6세, 다이애나 비, 엘리자베스 여왕의 모후 등의 장례를 치렀다.

국왕이 서거하면 2주가량의 국가 애도 기간을 갖는다. 관공서 건물에는 조기가 걸린다. 국장國葬 일에는 관광지뿐 아니라 증시가 휴장하고, 은행이 문을 닫고, 공장은 일손을 놓는다. 국왕의 시신은 사흘 동안 웨스트민스터 홀에 안치되고 장례 미사는 캔터베리 대주교가 집전한다. 이후 시신은 왕실 별장인 샌드링엄 또는 밸모럴에 안장된다.

'비즈니스 인사이더'는 여왕 서거가 영국 국내총생산GDP에 미칠 경제 타격을 12억~60억 파운드(10조 원)로 추산했다

국기	개요	
	국왕	펠리페 6세
	왕가명	부르봉
	수도	마드리드
왕실 문장	면적	50만 5,370km²
	인구	약 4,774만 명
	1인당 GDP	2만 6,327달러
	언어	에스파냐어
	주요 종교	가톨릭교

: 계보도

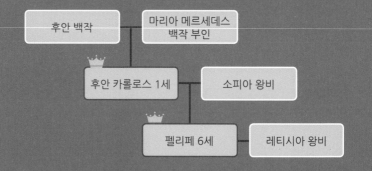

스페인

민주주의 지키고도 인심 잃은 부르봉 왕가

스페인은 국왕이 전제군주권을 스스로 포기하고 자발적으로 민주주의를 선물한, 보기 드문 나라다. 경제난과 왕실의 추행 등으로 위기를 겪었지만 최근 젊은 국왕이 등극하면서 분위기가 쇄신되고 있다.

스스로 민주주의를 선물한 왕실

1975년 후안 카를로스 1세 즉위 전까지 스페인은 프랑코 프란시스코의 40년 독재정부가 통치했다.

왕정 지지파인 프랑코의 후계자는 왕족인 카를로스 1세다. 그는 프랑코가 사망한 후 '국가수장계승법'에 따라 전제군주로 즉위한다. 그런데 모든 권력을 손에 쥔 카를로스 1세는 입헌군주제를 택한다. 근대적이고 자유로운 사회에서는 정책 결정에 전 국민의 참여가 필요하다고 공표했다. 독재 시절 공포의 대상이었던 비밀경찰은 사라지고, 1977년에는 41년 만에 총선도 시행됐다. 정당의 활동도 법으로 보호됐다.[2]

1981년 6월, 발렌시아 지역의 장군을 중심으로 쿠데타가 발발했지만, 카를로스 1세는 목숨을 걸고 저항해 입헌군주제를 지켰다. 이로써 카를로스 1세는 다시금 국민들의 절대 지지를 얻었다.

왕실의 추락

하지만 높아진 인기는 방심을 낳았다. 왕실 인사들의 경솔한 행동으로 왕실의 권위는 추락하기 시작했다. 경제까지 기울며 생활이 어려워진 국민들의 분노는 한층 거세졌다.

카를로스 1세도 국민들을 실망시켰다. 경제대국이었던 스페인이 구제금융까지 신청할 정도로 어려움에 처했던 2012년, 아프리카 보츠와나로 호화로운 코끼리 사냥을 떠났다가 공분을 샀다.

카를로스 1세의 딸인 크리스티나 공주 부부는 560만 유로(약 71억 원) 규모의 사기·탈세 혐의로 수사선상에 올랐다. 왕실에 대한 국민들의 반감이 극에 달하자 카를로스 1세는 크리스티나 공주에게 내렸던 '팔마 공작부인' 작위를 박탈했다. 2014년 6월에는 스스로 왕위를 내려놓고 아들 펠리페 6세에게 왕관을 넘겼다. 하지만 펠리페 6세는 즉위하자마자 왕정을 없애자는 목소리에 시달려야 했다.

---

2. 이강혁, 《스페인역사 다이제스트 100》, 가람기획, 2012

왕실에 대한 국민들의 지지를 회복해가는 펠리페 6세 부부

왕실의 인기를 되찾아가는 펠리페 6세

젊은 새 국왕은 절치부심했다. 그의 즉위식은 특별한 귀빈도 없이 간단하게 치러졌다. 검소하게 생활했고, 말과 행동에도 신중함을 다했다. 스스로 연금도 삭감했다. 2015년 필리페 6세의 연봉은 전임 국왕보다 20퍼센트 적은 23만 4,204유로(약 2억 9,600만 원)에 불과했다.

통합의 구심점 역할에도 적극적으로 나섰다. 2014년 카탈루냐 지방에서 분리 독립을 위한 주민투표를 시행하려 하자 몸소 카탈루냐를 방문해 스페인의 통합을 역설했다. 그 결과 2015년 6월 현지 일간지에서 진행한 국왕 지지도 조사에서 81퍼센트라는 높은 지지율을 기록했다.

레티시아 오르티스 로카솔라노 왕비도 왕실의 소중한 자산이 되고 있다. 스페인 최초의 평민 출신 왕비이자 뛰어난 미모와 소탈한 행보로 인기가 높다. 결혼 전 기자로 일하다 공영방송 앵커로 활동한 만큼 교양도 있고 말솜씨도 뛰어나다. 남다른 패션 감각으로도 주목받는다. 평민 출신에 이혼 경력까지 불거지며 결혼 당시 논란을 일으켰지만, 그녀는 왕실에 대한 국민들의 지지를 회복하는 데 결정적인 역할을 하고 있다.

독일계일 때 최강, 루이 14세 후손 계승 이후 쇠퇴

이베리아 반도는 로마제국 멸망 후 잠시 게르만족이 다스렸지만, 8세기부터 800여 년 가까운 세월 동안 이슬람 왕국이 지배했다.

1469년 프랑크족 국가인 아라곤 왕국 페르난도 2세와 카스티야 왕국 이사벨 1세와의 결혼으로 합쳐지고, 이후 이베리아 반도에 있던 이슬람 세력들을 축출, 스페인 왕국이 탄생한다.

출발은 독일계 합스부르크 왕가

페르난도-이사벨 부부의 외손자로 스페인 국왕에 즉위한 카를 5세는 신성로마제국 황제 막시밀리안 1세의 손자다. 유럽 최대 세력을 자랑하던 합스부르크 왕가가 다스리면서 스페인은 활발한 식민지 개척에 나서 17세기까지 세계 최강 제국의 지위를 누린다. '해가 지지 않는 나라'의 원조도 스페인이다.

하지만 합스부르크 왕가의 마지막 스페인왕 카를로스 2세는 오랜 근친

혼으로 건강이 나빠 자식을 낳지 못했다. 결국 이복누이의 외손자이자, 프랑스 부르봉 왕가의 절대군주 루이 14세의 손자인 앙주 공작 펠리페 5세가 스페인 왕위를 잇게 됐다.

프랑스계 부르봉 왕가의 계승

펠리페 5세 등극 사실이 알려지자 합스부르크 왕가인 신성로마제국 황제 레오폴트 1세가 스페인 왕위의 계승권을 주장하면서 전쟁이 발발했다. 프랑스가 스페인까지 집어삼킬 것을 두려워한 영국, 포르투갈, 네덜란드 공화국 등도 신성로마제국에 힘을 보탰다. 40만여 명의 인명 피해를 낸 대규모 전쟁 끝에 펠리페 5세는 스페인 왕위만 계승하고, 프랑스 왕위 계승권은 포기한다. 프랑스의 세력 확장을 막기 위한 주변국의 이해가 반영된 결과다.

베르사유 궁전에서 출생해 루이 14세와 아버지로부터 궁정 교육을 받고 자란 펠리페 5세는 프랑스 체제와 유사하게 스페인을 중앙 집권화하면서 왕권을 강화해 나갔다.

이후 나폴레옹군의 침략에 잠시 왕좌를 내주었던 페르난도 7세가 나폴레옹의 몰락과 함께 복위되고, 1년도 채 이어지지 못한 제1공화국을 거쳐 부르봉 왕조가 재건된다.

공화정을 겪으며 존폐 기로에 섰던 왕실

스페인 왕실은 공화정을 거치며 명맥이 끊길 위기에 처하기도 했다. 페르난도 7세를 이은 이사벨라 2세 때는 35년 동안 열다섯 차례의 군부 쿠데타가 일어났고 헌법도 여섯 차례나 바뀌었다. 결국 자유 진보 민주파였던 후안 프림 장군의 혁명으로 이사벨라 2세는 프랑스로 도피했다.

후안 프림은 왕위 계승권을 일부 갖고 있던 이탈리아 사보이 왕가의 아마데오를 허수아비 왕으로 옹립했지만 스스로 퇴위하면서 스페인은 공화정으로 전환된다.

그러나 공화정은 11개월 동안 네 명의 대통령을 거치는 등 혼란만 거듭했고, 결국 이사벨라 2세의 아들 알폰소 왕자가 왕정을 잇는다. 그런데 알폰소 13세도 사회를 안정시키지 못하고 프리모 데 리베라 장군이 정권을 잡았다. 이후 실시된 지방 선거에서 공화파가 대거 진출, 다시 공화정을 수립했다. 하지만 공화정에 반대해 좌천됐던 프랑코가 반정부 쿠데타를 일으켰고, 내전을 거쳐 권력을 장악한다. 프랑코는 왕정 지지자답게 후계자로 알폰소 13세의 손자 후안 카를로스 1세를 지명했고, 그의 사후 스페인은 다시 왕정으로 돌아간다.[3]

왕실의 또 다른 위협 카탈루냐

카탈루냐 지역은 스페인 국내 총생산의 20퍼센트 가량을 차지하는 가장 부유한 주다. 프랑스에 붙어 있고 지중해를 바로 접하고 있어 문화, 언어, 역사 등에서 프랑스에 가깝다.

2012년 11월 초 가장 인구는 많지만 카탈루냐와는 거리가 먼 안달루시

---

3. 이강혁, 《스페인역사 다이제스트 100》, 가람기획, 2012

아가 중앙정부에 49억 유로의 구제 금융을 신청하면서 카탈루냐도 함께 경제 위기에 빠졌고 분리 독립의 주장이 강해졌다.

당장 경제적 타격이 불가피한 스페인 중앙정부는 물론 유럽연합EU 북대서양조약기구NATO 등은 유럽 전역에 분리 운동이 활발해질 것을 경계해 카탈루냐 주가 스페인으로부터 분리 독립할 경우 회원국으로서의 자격을 부여하지 않을 것이라는 방침을 세우고 있다.

이 때문에 2014년 11월 9일 카탈루냐 의회의 승인하에 치러진 주민 투표에서 독립 찬성율이 80.76퍼센트에 달했지만 실제 독립은 쉽지 않을 전망이다.

그런데 카탈루냐의 불만 가운데는 스페인 왕실이 쓰는 막대한 자금도 포함된다. 결국 왕실이 스스로 허리띠를 조이는 모습을 보여야 카탈루냐 독립 여론을 누를 수 있고, 스페인 경제도 지탱할 수 있는 셈이다.

국기	개요	
	국왕	알베르 2세
	왕가명	그리말디
	수도	모나코
왕실 문장	면적	2km^2
	인구	약 3만 7,800명
	1인당 GDP	15만 3,177달러
	언어	프랑스어
	주요 종교	가톨릭교

: 계보도

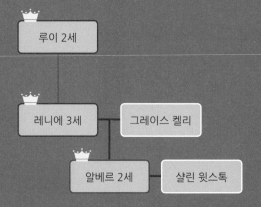

모나코

1인당 GDP 16만 달러의 초부국

"올해로 718년이다. 다음 세대가 자라는 것을 보는 건 놀라운 일이다."

2015년에 즉위 10년을 맞은 알베르 2세 모나코 대공大公이 이를 기념해 미국 《피플》지와의 인터뷰에서 밝힌 소감이다.

718년이란 다름 아닌, 모나코 공실 즉 그리말디 가문의 역사를 가리킨다. 1297년부터 모나코 지역을 통치한 그리말디가家는 이탈리아 제노바의 명문으로, 유럽 왕가에서도 손꼽히는 역사를 자랑한다.

남유럽 끄트머리에 있는 모나코는 면적 2제곱킬로미터에 인구는 채 4만 명도 안 된다. 세계에서 바티칸 다음으로 작은 나라다. 그런데도 1인당 국내총생산GDP은 16만 달러를 넘고, 1인당 국민소득이 17만 달러에 이르는 초부국이다. 모나코의 부자 나라로의 성장은 현실 정치에 능하고 비즈니스 감각이 탁월했던 군주들이 있었기에 가능했다.

카지노 왕국을 건립한 기업가 샤를 3세

모나코는 1701년에 영토문제로 군 보유를 포기하고, 국방권을 프랑스에 넘겼다. 1848년 2월 혁명 이후에는 모나코의 도시 망통·로크브륀이 반란을 일으켰다. 당시 통치자인 샤를 3세는 두 반란 도시를 프랑스에 넘기고 현재의 작은 영토만 남겼다. 이때 시작된 경제에 대한 고민은 최고의 선택으로 이어진다.

모나코는, 면적은 작지만 탁 트인 지중해의 풍광과 연중 온화한 기후로 유럽 귀족들에게는 매혹적인 곳이었다. 고민의 답은 카지노와 위락시설 건설이었다. 몬테카를로 카지노가 1863년에 개장해 대성공을 거뒀다. 현재 모나코 왕실 재정 수입은 대부분 이 카지노에서 나온다. 카지노 주변에 즐비한 슈퍼 럭셔리카들은 모나코 공실로의 현금 행렬이다. 《포브스》산정 2011년 기준 알베르 2세 공의 순 자산은 25억 달러로 세계 왕족 중 일곱 번째로 많다.

헌법을 제정하고 납세 의무를 폐지한 알베르 1세

모나코 관광 필수 코스인 해양박물관 앞에는 건립자 알베르 1세의 동상이 있다. 그는 헌법을 제정하고, 공위를 보좌하는 의회를 창설했다. 국민의 납세 의무도 없앴다. 모나코가 납세자의 천국이 되면서 프랑스의 검은 돈뿐 아니라 세계 부자들의 투자금이 모나코로 흘러들었다. 지금도 유명한 모나코 왕실 소년합창단, 모나코왕립발레단이 이때 창단됐다. 두 단체는 공실의 후원으로 전 세계를 돌며 모나코 문화의 위상을 널리 알리고 있다.

하지만 알베르 1세는 1918년에 공위 계승자가 없을 경우, 모나코는 프랑스에 합병된다는 조약을 체결하는 오점을 남겼다.

미디어 정치에 능했던 레니에 3세

알베르 1세를 이은 루이 2세는 프랑스 배우 지르레느 도만제와 결혼했지만 후손이 없었다. 루이 2세가 프랑스 군 복무 시절 프랑스령 알제리에서 낳은 사생아 샤를로트 공녀가 추정 상속인이 됐다. 샤를로트가 프랑스 귀족 피에르 드 폴리냑과의 사이에서 낳은 레니에 3세가 훗날 대공으로 즉위했다. 피에르 드 폴리냑은 프랑스 혁명군에 의해 단두대의 이슬로 사라진 마리 앙트와네트 왕비의 최측근 폴리냑 공작부인 아들 쥘의 후손이다. 그리말디가는 루이 2세 이후 남계가 끊겼다. 레니에 3세 이후 세대는 폴리냑 공작부인의 후손들이라 할 수 있다.

레니에 3세는 할리우드 배우 그레이스 켈리와 세기의 결혼식을 치렀다. 세상에는 핑크빛 로맨스로만 알려져 있지만 프랑스의 내정 간섭을 피하기 위해 일부러 당대 최고 배우를 선택했다는 설이 유력하다. 이 결혼으로 미국 등 유럽 밖에서 거의 무명에 가까웠던 모나코 공실은 프랑스가 함부로 손댈 수 없는 위치로 자리매김했기 때문이다. 그레이스 공비가 자동차 사고로 숨지는 비극으로 신비감까지 더해져 모나코 궁은 수많은 관광객을 끌어모았다.

숱한 염문설을 뿌린 그레이스 켈리의 자녀들

그레이스 공비의 세 자녀 캐롤라인 공녀, 알베르 2세 공자, 스테파니 공녀는 모두 적잖은 말썽을 부렸다. 공비의 사고 당시 차량에 동승했던 막내 스테파니 공녀는 17세 때의 사고 충격 때문인지 정서 불안에 시달렸고, 마약에도 손댔다. 궁 내 정원사, 풀장 관리사, 바텐더, 서커스 단원 등과 염문을 뿌렸다. 큰 딸 캐롤라인 공녀도 여러 남자들과 어울렸다. 캐롤라인은 두 번째 남편인 스테파노 카시라기와의 사이에서, 안드레아, 피에르 공자와 샬롯 공녀 등 세 자녀를 뒀다. 셋 모두 켈리의 외손자답게 출중한 미모를 자랑한다. 어머니를 사고로 잃은 캐롤라인은 얄궂게도 남편 스테파노조차 보트 전복 사고로 떠나보냈다.

알베르 2세는 53세까지 독신 생활을 즐기다 2011년에 20살 연하의 남아프리카공화국 수영선수 샬린 윗스톡과 결혼했다. 2014년에 이란성 쌍둥이 가브리엘라 테레즈 마리 공주와 자크 오노르 레니 왕자의 아빠가 됐다. 알베르 2세에게는 토고 출신 항공기 여승무원과의 사이에서 낳은 혼외 자식도 둘이 있지만 공위 계승권이 없다.

2014년 7월 13일 밤 모나코 궁에선 7,000~8,000명이 참석한 가운데 알베르 2세 대공 즉위 10주년 축하 행사가 열렸다. 영국 가수 로비 윌리엄스의 초청 공연과 야외 칵테일 파티가 곁들여졌지만, 발코니에서 국민들을 향해 손을 흔드는 격식은 없었다. 대신 알베르 2세 대공 부부는 청바지 차림으로 콘서트 무대에 올라 마이크를 잡았다.

알베르 2세는 《피플》지와의 인터뷰에서 재위 10년간 가장 행복했던 순간에 대한 질문에 "샬린과 결혼한 것, 그다음이 쌍둥이를 낳은 것이다"라

국경일에 알베르 2세 가족들

고 답하며 개인적인 행복을 우선으로 꼽았다. 이어 "모나코 국민들을 만나는 것과 적십자 활동 등 자선 목적 여행이며, 아시아와 아프리카에서 우리의 도움으로 변화한 마을과 아이들을 보는 것이 행복"이라고 답했다.

국기	덴마크의 개요	
	국왕	마르그레테 2세
	왕가명	글뤽스부르크
	수도	코펜하겐
왕실 문장	면적	4만 3,094km²
	인구	약 556만 명
	1인당 GDP	5만 1,423달러
	언어	덴마크어
	주요 종교	루터복음교

국기	노르웨이의 개요	
	국왕	하랄 5세
	왕가명	글뤽스부르크
	수도	오슬로
왕실 문장	면적	32만 3,802km²
	인구	약 509만 명
	1인당 GDP	7만 6,266달러
	언어	노르웨이어
	주요 종교	루터복음교

덴마크와 노르웨이

덴마크, 팔방미인 여왕과 뒤늦게 철든 왕세자

국민들의 높은 지지를 받고 있는 덴마크 왕실의 중심에는 다재다능하면서도 겸손함을 잃지 않는 여왕이 있다. 마르그레테 2세는 삽화가, 디자이너, 번역가 등 다방면에서 재능을 발휘하며 국민들과 다를 바 없이 '일하는 여왕'이라는 이미지를 구축해 왔다.

프랑스의 외교관 출신인 헨리크 공과 결혼해 두 왕자를 낳은 여왕은, 왕위 계승 서열 1위인 프레데리크 왕세자가 자주 구설에 올라 골머리를 앓기도 했다. 하지만 최근 왕세자에 대한 신뢰가 회복되면서 덴마크 왕실은 유럽 왕가의 표본으로 거듭나고 있다.

다재다능한 마르그레테 2세

국민들의 자랑거리인 팔방미인 여왕

마르그레테 2세는 예술적·언어적 능력으로 세간의 이목을 끌어왔다. 화가로서 이름을 날린 여왕의 삽화는 J. R. R 톨킨의《반지의 제왕》덴마크 판에 사용됐다.[4] 부군인 헨리크 공이 2000년 출간한 시집에도 여왕의 삽화가 쓰였다.

덴마크왕립발레단의 옷을 직접 디자인한 경력도 있고, 자신의 옷을 직접 구상해 입는 것으로도 유명하다. 독특한 의상 선택으로도 여러 번 관심을 모은 여왕은 2013년 영국 일간지《가디언》이 선정한 50대 이상 베스트 드레서 50인에 이름을 올리기도 했다.[5]

독일어, 영어, 프랑스어 등을 포함해 5개 국어를 구사하는 것으로 알려진 여왕은《반지의 제왕》번역에도 참여해 언어적 재능을 뽐냈다.

---

4. '덴마크 왕실', 접속일자 2015.07.20, kongehuset.dk
5. 'Margrethe II of Denmark', wikipedia, 접속일자 2015.07.21, en.wikipedia.org/wiki/Mar-grethe_II_of_Denmark#cite_note-Margrethe_and_Henrik_Biography-6

영국 왕실과의 인연

여왕은 영국 왕실 덕을 톡톡히 봤다. 1953년까지 공주의 왕위 상속을 법으로 금지했던 덴마크가 엘리자베스 2세의 즉위에 영향을 받아 헌법을 개정했기 때문이다. 이는 네덜란드에서의 여왕 즉위에도 영향을 줬다. 세 자매 중 맏딸이었던 마르그레테 2세는 남동생이 태어나지 않자 프레데리크 9세의 뒤를 이어 왕좌에 앉았다.

뒤늦게 철든 프레데리크 왕세자

마르그레테 2세의 장남 프레데리크 왕세자는 조용한 왕실에 이따금씩 풍파를 일으키곤 했다. 메리 도널드슨 왕세자비와 장거리 연애 끝에 극적인 결혼에 이르기 전까지 프레데리크 왕자는 숱한 염문을 뿌리고 다녔다. 모델들과의 염문에 이어 유명 가수 마리아 몬텔과 살림집을 꾸렸던 것이 대표적이다.

최근에도 강풍으로 출입을 통제한 다리를 무단으로 통과해 논란을 일으켰다. 영국 BBC 방송에 따르면 왕세자는 2015년 1월 차량 통제가 풀리기만을 기다리고 있는 운전자들을 뒤에 두고 경호상의 문제를 내세워 교량을 통과해 국민들의 비난을 받았다.[6]

그럼에도 한때 왕위에 대한 부담을 밝히기도 했던 그가 외교 등 왕세자의 책무를 다해 나가자 국민들은 어느 정도 신뢰의 눈길을 보내고 있다. 2015년 4월, 덴마크의 한 여론조사에서는 응답자의 73퍼센트가 프레데리크 왕자의 왕위 계승을 긍정적으로 보고 있는 것으로 나타났다.

---

6. 'Danish prince apologises for crossing bridge in storm', BBC, 2015.01.12

둘째 요아킴 왕자는 형에 비해 잡음을 일으키는 일이 많지 않았지만 처음 결혼했던 알렉산드라와 파경에 이르면서 덴마크 국민들의 안타까움을 샀다.

노르웨이, 존경과 실망 사이에서 아슬아슬한 왕실

노르웨이는 적잖은 군주제 폐지 여론 속에서도 하랄 5세에 대한 높은 존경심이 왕실을 지키고 있다. 노르웨이 국민들은 왕족이지만 소탈하고, 소신이 강하며, 운동선수로도 활동했던 하랄 5세를 가장 존경하는 인물로 꼽는다.

유럽 군주 중 가장 적게 가진 왕

하랄 5세는 유럽의 군주들 중 가장 적은 재산을 보유하고 있다. 2015년 1월 영국 《데일리메일》이 《포브스》의 자산 순위를 분석한 결과, 노르웨이 국왕의 자산은 800만 파운드(약 144억 원)로 유럽의 국왕 중 가장 적었다. 왕실 전체를 기준으로 해도 노르웨이 왕실의 검소함에는 변함이 없다. 총자산은 약 1,200만 파운드(약 216억 원)에 불과하다.[7]

왕이라는 지위를 내세우지 않는 삶의 태도도 국민들이 왕실에 친근감

---

7. Ruth Styles, "The Royals you've NEVER heard of (but who make the Queen look poor): Europe's wealthiest royals revealed … but the richest family isn't the one you'd expect", *dailymail*, 2015.01.15

을 느끼는 이유다. 그는 경호원을 대동하지 않고 시내로 산책을 나서곤 해 우려를 사기도 했다.

9년 연애 끝에 평민 출신과 결혼

왕족의 배우자에 엄격한 잣대를 들이대던 시절 하랄 5세는 9년간 교제해 온 평민 출신의 소냐 하랄센과의 결혼을 밀어붙였다. 상인의 딸인 왕비의 신분이 불러올 논란을 고려해 그들은 비밀 연애를 했다. 결혼을 결심한 하랄 5세는 달가워하지 않는 아버지 올라프 5세에게 소냐와 결혼하지 못한다면 평생을 미혼으로 남겠다

평민 출신 소냐와 결혼한 하랄 5세

는 뜻을 밝혔다. 마침내 승낙을 얻어낸 하랄 5세는 1968년 소냐와의 결혼에 성공한다.

요트 선수로 활약하는 국왕

노르웨이 현지 언론에 따르면 요트를 즐겼던 하랄 5세는 국가대표팀에 소속돼 올림픽에 세 차례 출전했다. 1964년 도쿄 올림픽, 1968년 멕시코 올림픽, 1972년 뮌헨 올림픽에 선수로 나섰다.

세계 요트 선수권대회에도 출전해 메달을 땄다. 1982년 출전 당시에는 은메달, 1988년에는 동메달, 1987년에는 금메달을 획득해 노르웨이 국민

들의 환호를 받았다.[8]

왕실을 휘청이게 한 공주의 천사 학교와 왕자의 결혼

국왕으로서는 괜찮은 평가를 받았지만, 하랄 5세도 부모로서 느끼는 어려움에는 다를 것이 없었다. 지난 2007년 마르타 루이제 공주의 '천사 학교' 논란은 국왕을 고민에 빠지게 했다.

당시 루이제 공주는 자신이 천리안을 지녔으며 천사와 대화를 나눌 수 있다고 주장하면서 천사 학교를 열었다. 자신의 능력을 다른 이들에게도 알려주고 싶다는 이유에서였다. 교육과정은 총 3년으로 비용은 6개월에 1만 2,000크로네(당시 한화로 약 230만 원)였다.

노르웨이는 발칵 뒤집혔다. 공주가 자신의 지위를 악용해 돈을 벌려 한다는 비판과 정신병원 치료가 필요하다는 주장이 제기됐다. 공주라는 지위를 박탈해야 한다는 목소리도 높아졌지만 가까스로 공주의 자리는 지켜냈다.

호콘 망누스 왕세자도 한때 왕실 지지도를 추락시키는 데 한몫했다. 국민의 눈에 차지 않는 배우자감을 고른 탓이었다. 현재의 왕세자비이자 당시 왕세자의 여자친구로 논란의 중심에 섰던 메테마리트는 단순히 평민 신분이라 문제가 됐던 것이 아니었다. 문란한 과거와 범법 행위까지 저질렀다는 폭로가 이어지면서 메테마리트의 결혼을 고집한 호콘 왕세자, 나아가 왕실에 대한 국민들의 실망감이 극에 달하기도 했다.

---

8. 'Harald V of Norway', wikipedia, 접속일자 2015.07.18, en.wikipedia.org/wiki/Harald_V_ of_Norway

덴마크와 노르웨이, 다른 왕국 같은 왕가

스칸디나비아 3국으로 일컬어지는 덴마크, 노르웨이, 스웨덴은 왕국의 역사가 얽혀 있다. 특히 덴마크와 노르웨이는 동군연합(같은 임금을 둔 나라)의 역사가 길다.

지금의 덴마크와 노르웨이는 각각의 왕국이지만, 왕가의 뿌리는 슐레스비히-홀슈타인-존더부르크-글뤽스부르크 왕가로 같다. 글뤽스부르크 왕가는 그 뿌리가 올덴부르크 왕가에 미쳐 현재 유럽 왕실 중 가장 오랜 역사를 자랑한다.

글뤽스부르크 왕가의 탄생과 덴마크 왕실

덴마크 왕국의 역사는 고대 바이킹족에서 비롯된다. '덴마크Denmark'라는 이름도 북방 유럽인을 부르던 '데인인Danes'에서 비롯됐다. 이들은 11세기 크누트 대왕 때 영국과 노르웨이를 아우르는 대제국을 건설하면서 전성기를 누렸다. 크누트 대왕의 여동생인 에스트리드의 아들 스벤 2세 때 오늘날 덴마크 왕국의 모습이 갖춰졌다. 에스트리드센 왕조다.

14세기 발데마르 4세의 딸인 마르그레테 1세가 노르웨이 호콘 6세와 결혼하고, 칼마르 연합을 결성해 덴마크-노르웨이-스웨덴 3왕국을 한데 묶는다. 하지만 1448년 크리스토페르를 끝으로 칼마르 연합은 해체된다.

연합이 해체되자 덴마크는 가장 유력한 귀족 아돌프 8세가 추천한 올덴부르크를 국왕으로 추대한다. 그가 바로 크리스티안 1세다.

400년 동안 지속되던 올덴부르크 왕가는 1863년 프레데리크 7세가 후사를 남기지 못하고 세상을 떠나면서, 글뤽스부르크 왕가의 크리스티안 9

프레데리크 왕세자 가족

세에게 왕관을 넘긴다.

크리스티안 9세의 혈통은 올덴부르크 가문의 크리스티안 3세의 아들 글
뤽스부르크의 공작 요한까지 거슬러 올라가야 한다. 왕관과는 거리가 먼
혈통이지만 프레데리크 7세의 사촌 누이 루이제와 결혼하면서 기회를 잡
게 된다.

1863년 즉위한 크리스티안 9세 이후 지속적으로 덴마크 왕을 배출한 글
뤽스브루크 왕가는 오늘날의 마르그레테 2세까지 이어진다. 여왕은 본래
딸이 왕위를 이을 수 없도록 규정한 법에 따라 왕위에 오르지 못할 뻔했지
만, 헌법이 개정된 후 왕좌를 차지한다.

노르웨이의 독립과 호콘 7세의 즉위

노르웨이 왕조는 862년 하랄 1세가 페어헤어 왕가를 이루면서 시작됐
다. 한때 덴마크를 지배했지만, 힘이 약해져 14세기 말에는 덴마크, 스웨덴,
노르웨이 3국의 칼마르 연합에 편입됐다. 칼마르 연합은 15세기에 해체됐

지만, 그 이후로도 노르웨이는 덴마크 치하에 남게 됐다.

하지만 19세기 나폴레옹과 연합했던 덴마크가 영국 등과의 전쟁에 패하면서 스웨덴에 노르웨이를 넘기게 됐다. 노르웨이 의회는 독자 헌법을 인정받는 대신 스웨덴의 카를 14세를 군주로 섬겼다. 스웨덴-노르웨이 연합 왕국이 이뤄진 것이다.

하지만 1905년에 일어난 독립 움직임은 노르웨이를 자율적인 국가로 재탄생하게 했다. 연합 왕국의 오스카르 2세는 노르웨이의 왕위 계승을 포기했다. 이에 노르웨이 의회는 덴마크의 카를 왕자를 독립 이후 초대 국왕으로 추대했다. 글릭스부르크 왕가 출신의 호콘 7세다. 현 국왕의 할아버지인 호콘 7세는 국민 투표를 통해 왕위 계승을 인정받으면서 정통성을 확립했다.[9]

덴마크와 노르웨이의 신데렐라 스토리

평범한 회사원과 왕세자의 만남

도널드슨 왕세자비는 왕세자와 만나기 전까지 호주의 평범한 20대 회사원이었다.

덴마크와는 인연이 없던 남반구의 도널드슨과 북반구의 왕세자를 이어준 것은 2000년 시드니 올림픽이었다. 요트 선수로 올림픽에 참가했

---

9. 'Haakon VII of Norway', wikipedia, 접속일자 2015.07.16, en.wikipedia.org/wiki/Haakon_VII_of_Norway

전 국민의 사랑을 받게 된 메테마리트 왕세자비

던 왕세자는 한 선술집에서 도널드슨을 만났다. 서로 호감을 느끼며 함께했던 시간도 잠시, 올림픽 폐막과 함께 왕세자는 덴마크로 돌아가야만 했다.

그러나 이들의 인연은 그것으로 끝나지 않았다. 두 사람은 전화와 인터넷을 통해 교제를 이어나갔다. 결국 머나먼 거리도 갈라 놓지 못한 연인들은 영원히 함께할 것을 약속했다. 만난 지 4년 만인 2004년 5월 도널드슨과 프레데리크 왕세자는 코펜하겐의 성모교회 대성당에서 결혼식을 올렸다.

미혼모에 마약 사범 오명 극복한 메테마리트

메테마리트의 결혼 과정은 순탄치 않았다. 미혼모였던 데다 왕세자와의 교제 사실이 알려진 후 과거 마약을 복용한 전력이 있다는 보도까지 쏟아졌다. 결심을 굳힌 호콘 왕세자는 왕위를 포기하는 한이 있더라도 결혼을 추진하겠다는 뜻을 명확히 했다. 높았던 왕실 지지도는 추락했고 여론은 악화됐다.

그러나 예비 왕세자비의 진심을 담은 고백과 참회가 국민들의 마음을 돌렸다. 환영받지 못한 결혼을 며칠 앞두고 메테마리트 왕세자비는 기자회견을 통해 자신의 지난날을 눈물로 속죄했다. 여론은 달라졌고 두 사람은 지난 2001년 8월 축복 속에 오슬로대성당에서 결혼했다.

: **덴마크의 계보도**

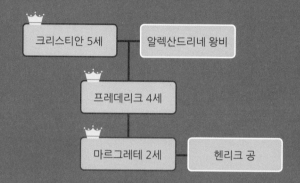

: **노르웨이의 계보도**

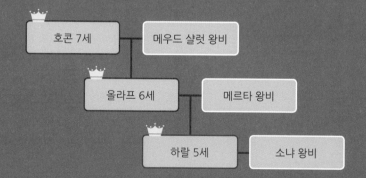

국기	개요	
	국왕	칼 구스타브16세
	왕가명	베르나도테
	수도	스톡홀름
왕실 문장	면적	44만 9,964km²
	인구	약 987만 9,000명
	1인당 GDP	4만 8,965달러
	언어	스웨덴어
	주요 종교	복음루터교, 가톨릭교

: 계보도

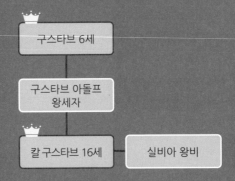

스웨덴

평민도 왕족이 되는 평등의 왕국

'노벨, 이케아, H&M, 볼보, 잉그리드 버그만, 아바, 삐삐…'

세계적으로 유명한 스웨덴산産이다. 그 가운데 한국에서《내 이름은 삐삐 롱스타킹》으로 번역된 동화《삐삐 롱스타킹》은 성性 역할의 전형성을 깬 작품으로 평가된다. 자유분방하고 씩씩하며 힘이 넘치는 주인공 '삐삐로타 빅투알리아 룰가디나 크루스뮌타 에프라임스 도텔 롱스트룸프'는 1945년 첫 창조된 이래로 자라나는 세대에게 사회의 통념에 저항하고 독립적인 길을 가라고 가르쳤다.

이러한 삐삐를 창조한 나라답게 스웨덴의 양성 평등 수준은 높기로 유명하다. 2014년 세계경제포럼이 발표한 세계 남녀 평등지수 순위에서 스웨덴은 아이슬란드, 핀란드, 노르웨이에 이어 4위에 올랐다. 여성의 경제 참여 비율은 80퍼센트를 육박한다. 의회 내 여성의원 비율은 45퍼센트로 세계 6위다.

스웨덴 왕실도 여권 신장에 한몫 거든다. 1980년에 왕위계승법을 수정해 유럽 왕실 최초로 아들딸 구별없이 첫째 자녀에게 왕위를 계승하는 원칙을 세웠다.

실용적이고 개방적인 리더십을 가진 칼 구스타브 16세

스웨덴 왕실은 다른 유럽 왕실과 달리 큰 사고를 치지 않고 정치에서도 엄정한 중립성을 지켜 꾸준한 인기를 얻고 있다. 그렇다고 위기가 없었던 것은 아니다. 2010년 칼 구스타브 16세의 섹스 스캔들을 폭로한 책이 발간됐다.《칼 구스타브 16세: 왕이 되고 싶지 않은 왕》이라는 제목의 이 책은 국왕이 과거 난교 파티를 벌이고 유명 가수와 불륜을 저지른 적이 있다고 폭로했다. 하지만 그 해 큰 딸 빅토리아 왕세녀가 세계적인 결혼식을 올려 세간의 관심을 돌려 국왕을 구했다. 그리고 2012년 빅토리아 왕세녀가 공주 에스텔을 낳았고, 2014년과 2015년에는 국왕의 막내 딸 마들렌 공주가 공주 레오노와 왕자 니콜라스를 잇따라 출산하는 경사가 이어졌다. 왕위 계승 1, 2위인 빅토리아와 에스텔 모녀의 인기와 이후 살아난 경제 덕분에 왕실은 본래의 권위를 되찾았다.

1973년에 왕위에 올라 43년째 군림 중인 칼 구스타브 16세 국왕은 알고 보면 꽤 실용적이고 개방적인 리더십의 소유자다. 즉위 직후 1544년 이래 써오던 국왕의 호칭 'By the Grace of God, King of the Swedes, the Goths/Geats and the Wends(하나님의 은혜를 입은 스웨드, 고트 및 기츠, 웬드의 왕)'을 'King of Sweden스웨덴 왕'으로 줄여버렸다. 1976년에는 평민 출신과 결혼해 화제를 낳았다. 뮌헨 올림픽에서 세 살 연상의 브라질계 독일인 통역사 실비아 좀멀라트를 만난 것이다. 결혼 뒤에는 둘째인 칼 필립 왕자를 낳은 지 7개월 만인 1980년에 장녀를 후계자로 정한다.

귀천상혼의 금기를 깬 왕가

귀천상혼貴賤相婚, 왕족 계급과 신분이 낮은 계급 간의 결혼을 엄격히 금지하던 가풍을 이미 국왕이 깨면서 국왕의 세 자녀는 자유연애를 즐겼다. 빅토리아 왕세녀, 필립 왕자, 마들렌 공주는 모두 평민과 혼인해 남녀 신데렐라들을 배출했다. 그중 빅토리아 왕세녀와 결혼한 다니엘 웨스틀링은 체육 강사를 하다 공주와 만나 일약 왕자 직위를 얻었다. 빅토리아 왕세녀가 앞으로 국왕으로 즉위하면 스웨덴의 70번째 군주, 1720년 이래 왕실 사상 세 번째 여왕이 된다.

바람둥이로 알려진 필립 왕자를 붙잡아 신분 상승의 사다리를 탄 이는 리얼리티쇼에 출연한 세미 누드 모델 소피아 헬크비스크다. 필립 왕자는 부친을 닮아 자동차, 스포츠를 좋아하고 미술에도 재능을 보였다. 그는 1999년 광고회사 직원 엠마 페르날드와 10년 가까이 사귀다가 헤어지고, 2010년에 헬크비스크와 염문설을 뿌렸다. 둘이 이미 뉴욕을 함께 여행했다는 보도가 흘러나왔다. 왕실이 헬크비스크를 좋아할 리 없었다. 하지만 둘은 2015년 6월 13일 스톡홀름 왕실 교회에서 결혼에 성공했다. 누나와 동생의 결혼식에 유럽 왕족들이 대거 참여했던 것과 달리 필립 왕자의 결혼식 하객은 조촐했다고 전해진다. 순백의 드레스로도 신부의 몸에 새겨진 문신을 가릴 수 없었다는 보도도 나왔다.

헬크비스크 왕자비는 결혼 한 달 만인 7월 14일에 38세를 맞은 빅토리

칼 구스타브 16세의 가족들 [사진 = 스웨덴 왕실 홈페이지]

아 왕세녀 생일 축하 행사에 공식적으로 모습을 드러냈다. 그는 이날 옆에 앉은 마들렌 공주와 다정하게 담소를 나누는 등 왕실에 적응을 끝낸 모습이었다. 한편 이날 빅토리아 왕세녀와 모친인 실비아 왕비는 흰색 보닛과 붉은 색 치마 등 스웨덴 전통의상 차림으로 눈길을 끌었다.

저출산 국가인 스웨덴은 자녀 출산 전후로 450일 간의 출산 및 양육 휴가와 월급의 80퍼센트를 수당으로 지급한다. 부부에게 동일하게 적용된다. 다니엘 왕자도 에스텔 공주를 손수 키우기 위해 육아 휴직을 썼다. 빅토리아 왕세녀 부부는 딸을 공립 보육시설에 보내 스웨덴의 보통 아이처럼 키우고 있다.

공주와 왕자의 결혼에 이어 출산도 잇따르고 있다.

왕위 계승권자인 빅토리아 왕세녀는 2016년 3월 2일 아들을 출산했다. 아이의 이름은 오스카르 칼 올로프로 정해졌다. 작위는 스코네 공작이다. 스웨덴은 일찌감치 남녀 성별 관계없이 왕위를 계승하는 나라다. 빅토리아 왕세녀에게는 이미 2012년 낳은 딸 에스텔 공주가 있다. 스코네 공작의 왕위 계승권은 누나 다음이다.

다음 달인 2016년 4월 19일에는 헬크비스크 왕자비가 아들을 낳았다. 이 아이의 이름은 알렉산더 에릭 후베르투스 베스틸이라는 이름과 쇠데르만란드 공작 지위가 부여됐다.

스웨덴 왕실 아이의 이름과 작위는 왕실은 물론 내각까지 참여한 회의에서 결정된다. 이들 아이의 이름에서는 친가와 외가 모두의 이름을 따르는 유럽 왕실의 작명법을 엿볼 수 있다.

스코내 공작의 경우 칼은 외할아버지, 올로프는 친할아버지에게서 따왔다. 오스카르는 현 국왕의 할아버지인 구스타프 6세 아돌프의 이름(오스카르 프레드릭 빌헬름 구스타프 아돌프)을 이은 것으로 보인다.

쇠데르만란드 공작도 에릭은 외할아버지 이름에서, 후베르투스는 친할아버지 이름에서, 베르틸은 구스타프 6세의 동생인 베르틸 왕자의 이름에서 따왔다. 이미 왕위 계승 서열에서 앞서는 스코내 공작이 구스타프 6세의 이름을 이미 썼기 때문으로 보인다. 베르틸 왕자는 아이의 아빠인 필립 왕자의 대부이기도 했다.

나폴레옹의 연적이었던 베르나도트 장군

스웨덴 왕가의 계보는 바사가家, 팔츠-츠바이브뤽켄가, 홀슈타인-고토르프가를 거쳐 지금의 베르나도트 가문으로 내려온다.

바사 왕조는 노르웨이-덴마크와 스웨덴의 칼마르 연합이 해체된 뒤 독립 스웨덴의 첫 국왕으로 구사타프 바사가 선출되면서 출발했다. 바사가에서 가장 유명한 이는 구스타브 2세로, 왕권 강화와 부국강병책을 실시하며 스웨덴의 전성기를 이끌어 '내왕' 칭호를 받았다. 하지만 자식이 사산되거나 요절하는 등 자녀운은 없었다. 그래서 일찌감치 막내딸 크리스티나를 왕위 계승자로 선언하고 엄격한 교육을 시켰다. 크리스티나가 6세 되던 해 구스타브 2세는 합스부르크와의 전쟁에서 사망한다. 총명했던 크리스티나는 16세 되던 해, 왕위에 올라 오랜 전쟁을 끝내고 1648년 베스트팔렌 조약을 맺어 독일로부터 거액의 전쟁 배상금을 받아내는 등 여러 업적을 이뤘다. 문화 예술에 관심이 많아 스웨덴 최초의 신문 발간, 대학 설립, 미술품 구입에도 열을 올렸고, 프랑스 철학자 데카르트를 왕궁에 초빙해 강의를 듣기도 했다. 결혼도 하지 않은 채 가톨릭으로 개종한 그는 당시 신교자만이 국왕으로 인정됐기 때문에 28세 되던 해 왕위를 고종사촌인 칼 구스타브 10세에게 물려주고 홀홀이 로마로 떠났다. 63세를 일기로 사망한 그의 시신은 성베드로 대성당에 안장돼 있다.

크리스티나보다 더 극적인 삶은 산 국왕은 고토르프 왕조의 구스타브 3세다. 그는 이탈리아 작곡가 주세페 베르디의 오페라 〈가면무도회〉의 실제 주인공이다. 귀족과 왕족 간의 알력 경쟁이 심하던 당시 의회를 해산시키고 새로운 헌법을 통과시키는 등 왕권 강화에 힘썼다. 오페라를 좋아해 직접 극작도 했다. 프랑스 로코코 양식에 감명받아 이를 응용해 스웨덴 왕실을 장식했는데, 스칸디나비안과 로코코가 결합한 양식을 '구스타비안' 스타일이라고 부른다. 그는 오랜 기간 후사가 없었고 젊은 여자에게도 관심을 보이지 않아 동성애자란 소문에 시달려야 했다.

지금의 베르나도트 가문은 나폴레옹 휘하에서 활약했던 장군 장 밥티스트 베르나도트가 시조다. 그의 부인 데시데리아는 나폴레옹의 첫 약혼자였다. 나폴레옹의 연적이었던 셈이다. 나폴레옹이 조세핀과 결혼하면서 파혼당한 그녀는 나폴레옹과 경쟁관계였던 베르나도트의 청혼을 받아들여 결혼에 이른다. 베르나도트는 1806년 프로이센 왕국과의 전쟁에서 당시 적군이던 스웨덴군을 우호적으로 대했고, 이를 계기로 후계자가 없었던 칼 13세 스웨덴 국왕의 왕위 계승자로 지목됐다. 나폴레옹은 데시데리아에게 자신이 한 행동이 있었기 때문에 베르나도트의 왕위 계승을 마지못해 승락했다고 전해진다. 하지만 이후 베르나도트는 변절한다. 반나폴레옹 연합군에 가담해 프랑스 내부군 정보를 제공하는 등 연합군 승리에 결정적 역할을 했다. 그는 1818년 칼 요한 14세로 스웨덴의 정식 국왕에 올랐다. 그는 절대군주의 몰락을 반면교사 삼아 온건한 입헌군주가 됐다. 프랑스와의 관계도 회복하고, 친러시아 입장이면서도 지지하지 않는 등 중립을 유지했다. 현재 스웨덴의 대외정책의 기본 원칙인 중립주의의 틀이 이때 잡혔다.

한국과의 각별한 인연

스웨덴 왕실과 한국의 인연은 꽤 깊다. 칼 구스타브 16세 국왕은 한국을 한 차례 국빈 방문한 것 외에 비공식적으로 다섯 차례나 찾았다. 2008년에는 세계스카우트지원재단 명예 총재 자격으로 실비아 왕비와 함께 방한해 서울숭의초등학교에서 스카우트 활동을 참관하고 학생들과 식사를 하기도 했다.

1921년 경주 신라 금관총 발굴 현장에서 고고학자던 구스타브 6세 당시 스웨덴 왕세자(왼쪽 안경 쓴 사람)가 무릎을 꿇고 현장을 들여다보고 있다.

국왕의 할아버지인 구스타브 6세는 왕세자 신분이던 1926년 10월 두 번째 부인 루이즈 마운트배튼(엘리자베스 2세 영국 여왕의 남편 필립 공의 고모) 왕세자비, 동생 빌렘 왕자 내외와 함께 한반도 땅을 밟았다. 몸이 약했던 왕세자비의 요양을 위해 일본에서 조선을 거쳐 중국으로 여행하려던 참이었다.

대학에서 동양미술사, 고고학을 전공한 왕세자 내외는 교토제국대학 고고학과 하마다 주임교수가 고분을 발굴했다는 소식을 듣고 경주를 방문했다. 석굴암, 불국사, 에밀레종을 관람한 후 노서동 고분 현장을 찾았다. 그는 양복을 입은 채로 발굴 작업을 도왔고 화려한 신라시대의 금관을 발굴한다.

왕세자는 한문으로 스웨덴을 뜻하는 서전瑞典의 '서'와 새 '봉鳳'을 따 직접 '서봉총瑞鳳塚 금관'이라고 이름지었다. 왕세자 부부는 사이토 총독으로부터 고려청자와 신라시대 금귀걸이 한쌍을 선물로 받은 것으로 전해진다.

1950년 왕위에 오른 그는 동양에서 수집한 여러 고고학 자료를 스웨덴 스톡홀름대학 도서실에 넘겼다.

우리나라 최초의 뷔페 식당도 스웨덴에서 건너왔다. 6·25 전쟁 중 우리

나라에 의료를 지원한 스칸디나비안 3개국(스웨덴, 노르웨이, 덴마크)과 국제연합한국재건단UNKRA, 운크라은 한국 정부와 함께 1958년 공공 의료원을 지었다. 국립중앙의료원이 그것이다. 3개국 의료사절단은 국립중앙의료원에 뷔페 식당을 열어 북유럽 음식을 한국에 들였는데, 이것이 한국 최초의 서양식 뷔페인 스칸디나비안클럽이다. 사실 뷔페는 스칸디나비아가 원조다. 바이킹이 오랜 항해를 마치고 도착한 고향에서 신선한 음식을 즐비하게 차려놓고 먹던 전통이 18세기 말부터 19세기 사이에 상류층에게 인기있던 뷔페식 스뫼르고스보르드으로 발전했으며, 이것이 프랑스로 건너가 뷔페가 된 것으로 전해진다.

빅토리아 왕세녀 내외가 2015년 3월 23일에 한국을 첫 공식 방문할 때 이런 양국의 인연이 화제가 됐음은 물론이다.

자료

위키피디아, kungahuset.se
《50개의 키워드로 읽는 북유럽 이야기》(김민주 저, 미래의 창 발간. 2014. 1)

국기	개요	
	국왕	필리프
	왕가명	작센 코부르크 고타
	수도	브뤼셀
왕실 문장	면적	3만 528km²
	인구	약 1,045만 명
	1인당 GDP	4만 456달러
	언어	네덜란드어, 프랑스어, 독일어
	주요 종교	가톨릭교

: 계보도

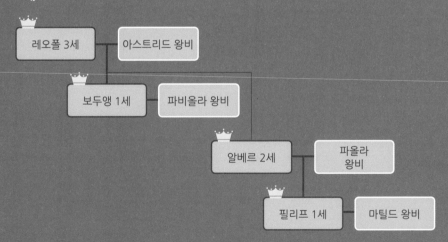

벨기에

사랑받기에 2퍼센트 부족한 왕실

필리프 국왕은 여전히 네덜란드어권과 프랑스어권으로 나뉘어 완전한 하나가 되지 못하고 있는 벨기에 통합의 구심점이다. 여러 열강의 지배를 거치며 단일 국가로서는 역사가 짧은 벨기에에서는 왕실이 국가의 기틀을 다지는 데 중요한 역할을 했다. 하지만 왕자의 공금 유용, 전 국왕의 연봉 문제, 혼외자 문제 등으로 구설에 오르며 따가운 눈초리를 받기도 했다.

문무를 겸비한 국왕

2013년에 즉위한 7대 필리프 국왕은, 1831년 완전한 독립국이 된 이후 처음으로 전 국왕인 알베르 2세의 양위를 통해 왕관을 썼다. 그리고 전 국왕이 직접 양위를 할 만큼 준비도 잘 됐었다. '문무' 어느 것 하나 부족한 것

문무를 겸비한 필리프 국왕

이 없었다. 국왕은 벨기에의 왕립육군 사관학교에서 수학했다. 전투기 조종사 자격도 갖췄고, 낙하산 특공대원으로서의 훈련도 거쳤다.[10]

더불어 영국의 옥스퍼드대학교의 트리니티칼리지를 거쳐 미국의 스탠퍼드대학교에서 정치학 석사 학위를 수여하기도 했다. 무역협회 회장을 역임하며 벨기에 경제 발전에도 기여했다.

독립을 지켜낸 왕가

벨기에는 1830년 네덜란드로부터 독립하면서 왕국이 정립됐다. 초대 국왕은 영국과 불가리아, 포르투갈에서 왕을 배출한 독일 작센 코부르크 고타 가문 출신의 레오폴드 1세다. 그는 영국 빅토리아 여왕과 결혼한 앨버트 공의 삼촌이었다. 그리스 국왕 자리도 제의받았지만 거절하고 벨기에를 선택했다. 1831년 즉위 직후 레오폴드 1세는 다시 벨기에를 넘보던 네덜란드군을 프랑스군과 힘을 모아 물리쳤다. 덕분에 프랑스 2월 혁명을 중심으로 전 유럽에 퍼져나가던 시민혁명의 바람도 벨기에만큼은 피해갔다. 레오폴드 1세는 산업 발전과 경제 개혁에서의 업적으로도 높은 평가를 받고 있다.

---

10. '벨기에의 필리프 국왕', wikipedia, 접속일자 2015.8.31, en.wikipedia.org/wiki/Philippe_of_Belgium

세계의 왕실

피해갈 수 없는 스캔들

현재 벨기에 왕가에 대한 국민들의 지지도는 높지 않다. 왕실 유지를 위한 재정 부담은 큰데 네덜란드어권과 프랑스어권을 하나로 모으는 통합 역할을 제대로 수행해내지 못해서다. 게다가 왕실 인사들의 잇따른 스캔들도 국민들의 신뢰를 잃게 만들었다.

국민들의 따가운 시선 속에서 벨기에 왕실은 2013년 사상 처음으로 세금 납부를 수용했다. 벨기에 의회는 이와 함께 왕가 인사들의 급여도 삭감했다.

그런데 전 국왕 알베르 2세는 연봉 77만 파운드(약 13억 원)가 적다며 추가 재정 지원을 요청해 국민들의 공분을 샀다. 물론 의회는 그의 요구를 단호히 거절했다.

알베르 2세는 혼외 딸 논란의 중심에 서기도 했다. 델피네 뵐이라는 이름의 여성은 1990년대부터 자신이 알베르 2세의 딸이라고 주장하며 친자확인을 요구했다.

필리프 국왕의 동생 로랑 왕자도 잡음을 일으키는 대표적인 인물이다. 그는 220만 유로(약 29억 원)의 공금 유용 사건에 연루돼 증인으로 법정에 섰다. 그가 이탈리아에 100만 유로(약 18억 원)에 달하는 호화 빌라를 구입했다는 사실이 드러나 비판을 받기도 했다.

영국 일간지 《텔레그래프》에 따르면 최근 로랑 왕자는 한 방송에서 가족들이 자신을 전혀 지지해주지 않았다며, 자신의 삼촌과 아버지, 형이 차례로 자신에게 등을 돌렸다고 불만을 토로하기도 했다.[11]

---

11. Henry Samuel, 'Belgian prince compares royal family to Stasi', *telegraph*, 2015.04.10

국기	개요	
	국왕	빌럼 알렉산더르 국왕
	왕가명	오라녜·나사우
	수도	암스테르담
	면적	4만 1,543km²
왕실 문장	인구	약 1,693만 5,000명
	1인당 GDP	4만 4,333달러
	언어	네덜란드어
	주요 종교	가톨릭교, 화란개신교

: **계보도**

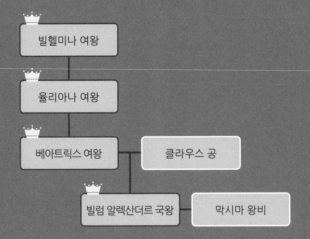

네덜란드

왕실 이미지 쇄신을 위해 노력하는 빌럼 알렉산더르

네덜란드에는 비록 사문화되긴 했지만, '왕실 모독죄' 항목이 있다. 1881년에 제정된 이 법으로 왕 또는 왕족을 고의로 모독하면 최고 징역 5년 또는 2만 유로의 처벌을 받아야 한다.

오라녜 나사우 왕가의 인기는 유럽 왕실 중에서도 높은 편이다. 다만 이는 지금의 군주에 대한 평가라기보다는 과거 네덜란드 독립을 이끈 '건국의 아버지' 오라녜 공 빌럼에 대한 존경심에서 비롯된 결과다.

위기 때 빛난 선대 여왕들의 모성 리더십

네덜란드 왕실은 빌럼 3세 이후 남계가 끊겼다. 빌럼 3세는 3남을 뒀지만 모두 사망하자, 딸인 빌헬미나를 왕위 상속녀로 지정했다. 빌헬미나는

10세의 어린 나이로 여왕이 돼 어머니의 섭정을 거쳐, 1898년에 친정을 시작했다. 이후 네덜란드는 2013년에 빌럼 알렉산더르가 왕위에 오르기 전까지 123년 동안 여왕의 시대가 이어졌다.

58년 동안 통치한 빌헬미나는 '네덜란드의 어머니'로 불리운다. 제1·2차 세계대전, 1933년 세계대공항, 1944~1945년 2만 2,000명이 굶주려 사망한 '기근의 겨울hunger winter' 등 위기를 강인한 모습으로 국민과 함께 이겨냈다. 제2차 세계대전 때 독일군의 침공으로 영국 런던에 임시 망명 정부를 두고 피신했을 때 빌헬미나는 라디오 방송에서 히틀러를 "인류 최대의 적"이라고 비난하며, 고국민에게 애국심을 고취시켰다. 여왕은 나치 저항 운동의 상징이었다. 독일군이 여왕의 생일 축하를 금지시켰지만, 본토 지역 곳곳에서 여왕 생일에 애국가를 부르고 여왕의 포스터를 돌렸다는 기록이 있다.

여왕은 죽을 고비도 몇 번 넘겼다. 처칠 영국 수상은 그를 "런던 망명 정부들 중 진짜 남자"라고 평하기도 했다. 종전 뒤에도 여왕은 궁으로 바로 가지 않고, 헤이그 저택에서 8개월을 보내며 자동차가 아닌 자전거를 타고 지방을 돌면서 국민의 사기를 높였다.

그의 뒤를 이어 1948년 즉위한 외동딸 율리아나도 어머니 못지않은 강인한 여성이었다. 1953년에는 네덜란드에 500여 년 만에 가장 강력한 태풍이 닥쳐, 2,000여 명이 숨지고 수만 명의 이재민이 발생했다. 피해 지역을 방문한 율리아나는 몸소 부츠를 신고 사방이 진흙더미인 곳에서 이재민에게 구호 식량과 옷 등을 나눠줬다. 그 역시 모친처럼 자전거를 타고 국민과 직접 소통했다.

배우자 논란과 사치로 위기를 맞은 '자전거 왕실'

율리아나의 맏딸로 1980년에 즉위한 베아트릭스 여왕 역시 자전거를 타며 친서민적 행보를 보였지만, 33년의 재위기간 동안 적잖은 비판을 받았다.

여왕은 1966년 독일 외교관 클라우스 폰 암스베르크와 결혼했다. 그런데 암스베르크가 나치소년단에 가입한 전력이 드러났다.

왕실 예산이 과다하다는 지적도 받았다. 왕실 권한이 축소된 데다 2008년 금융위기 이후 불경기가 닥친 영향이다.

영국 《가디언》에 따르면 2012년에 오라녜 나사우 왕실 예산은 3,100만 파운드(약 563억 원)를 기록하며 처음으로 영국 왕실을 뛰어넘었다. 스페인과 비교해 인구는 3분의 1 수준(1,670만 명)인데, 왕실 예산은 네 배 규모다. 여왕과 아들 내외에게만 모두 710만 파운드(약 129억 원)의 혈세가 주어졌다. 이에 국민적 공분이 일자 왕실은 그해 모잠비크에 있는 호화 여름 별장을 처분했다.

하지만 그 뒤에도 논란은 식지 않았다. 2014년 헤이그 저택 보수에 700만 파운드, 임시 집무실 설치에 36만 파운드, 하우스텐보스 궁 복구에 2,800만 파운드 등의 예산안이 올라와 하원의원들이 발끈했다. 유로존에 긴축 재정 바람이 불고 있는 시기에, 그리스에 있는 왕실 별장의 보안 설치비로 이미 32만 3,000파운드의 세금을 들였기 때문이었다.

딸 바보, 빌럼 알렉산더르 국왕

123년 만에 남성 군주가 된 맏아들 빌럼 알렉산더르 국왕도 어머니와 마찬가지로 배우자 문제로 비판에 시달렸다. 아르헨티나 출신 막시마 왕비의 부친은 아르헨티나 독재정권의 각료 출신이다. 다행히 막시마 왕비가 대중매체에서 활달하고 건강한 이미지를 선보이고, 공주 셋까지 낳으면서 인기를 회복했다.

재위 3년차 빌럼 알렉산더르 국왕은 소탈한 언행으로 국민의 위화감을 누그러뜨리기 위해 노력 중이다. 그는 '대관식'이 아닌 '즉위식'을 치렀다. 1840년에 만들어진 금 도금된 왕관도 머리에 쓰지 않았다. 베아트릭스 여왕이 양위서에 서명하는 약식만 거쳤을 뿐이다. 그는 빌럼 4세가 될 수도 있었지만 고답적 호칭을 사양했다. 또 언론과 인터뷰할 때도 자신을 "폐하"라고 부르지 말도록 했다.

일상에서 그는 전형적인 딸 바보 아빠다. 그는 슬하에 왕세녀인 첫째 카타리나 아말리아, 둘째 알렉시아, 셋째 아리안느 공주를 뒀다.

국왕은 첫딸이 태어난 지 2년 뒤인 2005년부터 가족의 일상을 연중 두 차례 각 30분씩만 언론에 공개하고 있다. 왕실 가족이 자전거를 타고, 쇼핑하고, 영화를 보러 가는 등 일거수일투족을 모두 언론에 노출할 수는 없는 노릇이라는 이유다. 연예매체 등이 거세게 반대했지만 밀어붙였다. 이런 미디어 행사는 보통 휴가철에 이뤄진다.

2008년에 아르헨티나에서 아말리아와 스키를 즐기는 모습이 AP통신 사진 기자에 의해 전 세계에 퍼지자, 2010년에 AP통신을 상대로 소송을 제기해 이긴 일도 있다.

당시 변호인이 법정에서 대독한 왕의 서한에서 국왕은 자신은 망원렌즈 촬영에 익숙하지만, 딸들은 그러한 불유쾌한 경험을 겪게 하고 싶지 않다고 호소했다. 이 미디어 규정이 잘 지켜져 세 공주는 여느 네덜란드 아이들과 똑같이 공립학교에 다닐 수 있었다.

빌럼 알렉산더르 국왕 가족이 2014년 7월 네덜란드 남서부 도시 바세나르의 한 해변에서 여름 휴가를 즐기고 있는 모습. 막시마 왕비(뒷줄 왼쪽부터 시계방향), 국왕, 셋째 아리안느, 둘째 알렉시아, 첫째 아말리아 공주. [사진 =네덜란드 왕실 홈페이지]

하지만 왕실이 서민들과 가까워지면서 '군림'의 의미는 옅어지고 있다. 시민들 가운데 왕실에 대한 특혜를 인정하지 않으려는 이들도 적지 않다.

2014년 11월 인종차별 반대 시위에 참가한 한 시민운동가가 빌럼 알렉산더르 국왕과 막시마 왕비를 향해 욕을 하는 모습이 TV카메라에 잡힌 뒤 134년된 해묵은 왕실 모독죄가 다시 논쟁을 불러일으켰다. 아불카심 오르자베리라는 이 흑인 운동가에게 500유로의 벌금형이 내려졌지만, 그는 납부를 거부했다. 표현의 자유 침해 논란이 불거졌다. 암스테르담 왕궁 벽에는 누군가가 스프레이 페인트로 오르자베리가 한 말을 그대로 옮긴 낙서가 생겼다. 트위터에서도 그 말이 확산됐다. 검찰은 이듬해 5월에 오르자베리 기소 방침을 철회하지는 않았지만, 소환하지도 않겠다고 발표했다.

네덜란드 왕가의 뿌리, 오라녜 나사우 가문

네덜란드는 국경일인 군주의 생일에 온나라가 축제에 빠진다. 1948년 빌헬미나 여왕의 생일인 4월 30일부터 이어져 내려온 전통이다. 전국 각지에선 벼룩시장이 열리고, 국민들은 오렌지색 의상을 입고 나와 군주의 생일을 축하한다. 오렌지색이 네덜란드를 대표하게 된 것은 독립을 이끈 오라녜 나사우 가문의 이름에서 비롯된다. 가문의 이름을 영어로 읽으면 오렌지다.

네덜란드 왕가의 공식 역사는 200년 전에 시작된다. 하지만 오라녜 나사우 가문의 통치는 1559년부터로 봐야 한다. 당시부터 스페인 국왕을 대신해 실질적으로 통치권을 행사한 가문이었기 때문이다.

특히 필리페 2세의 가혹한 식민 통치에 저항해 오라녜 공 빌럼이 반기를 들면서 네덜란드 공화국이 탄생했다. 빌럼은 나사우 가문의 상속자이지만, 당시 오라녜 가문의 상속자이자 사촌인 르네가 후사 없이 암살당해 오라녜 가문 영지까지 상속받았다.

오라녜 나사우 가문은 나폴레옹의 침공으로 잠시 다시 통치 대행 가문으로 전락했다. 하지만 나폴레옹 몰락 이후 오라녜 공 빌럼 5세의 아들 빌럼이 1815년 벨기에 영토를 포함한 네덜란드 연합왕국의 초대 국왕이자 룩셈부르크 대공으로 즉위했다. 벨기에는 이후 1831년에 독립을 선언했

다. 빌헬미나 여왕이 즉위한 직후 룩셈부르크가 떨어져나갔고, 1945년에
는 식민지이던 인도네시아도 독립했다.

하지만 오라녜 나사우 가문은 네덜란드 본토 외에도 아직도 카리브 해
에 있는 섬 아루바, 쿠라카오, 신트마르턴, 보나이러, 신트위스타티위스 등
을 소유하고 있다.

참조

위키피디아, 네덜란드 왕실 홈페이지(koninklijkhuis.nl/royal-house.nl)
《50개의 키워드로 읽는 북유럽 이야기》(김민주 저, 미래의 창 발간. 2014. 1)

국기	개요	
	국왕	앙리 대공
	왕가명	나사우 바일부르크
	수도	룩셈부르크
왕실 문장	면적	2,586km²
	인구	약 56만 1,000명
	1인당 GDP	10만 3,186달러
	언어	룩셈부르크어, 독일어, 프랑스어
	주요 종교	가톨릭교, 개신교

: 계보도

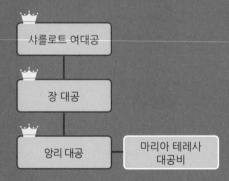

룩셈부르크

강소부국을 이루다

2014년 제2차 세계대전 종전 70주년을 기념해 8월 중순부터 약 한 달 간 룩셈부르크 대공궁을 일반에 개방했다. 때 맞춰 '샤를로트 여대공의 망명 귀환' 전시회를 열어 여름 휴가철에 룩셈부르크를 찾은 관광객의 발길을 사로잡았다. 이 전시회는 나치 침공 당시 저항과 독립의 상징이었던 군주의 활약상을 기억해 주권국가의 소중함을 되새기자는 취지였다.

룩셈부르크 대공국은 인구가 54만 명에 불과한 작은 나라지만, 1인당 국내총생산GDP은 2013년 기준 11만 달러로 세계 최고다.

세계 1위의 철강회사 아르셀로 미탈의 나라이자, 유럽 금융의 허브다. 산업화 초기에 철광 자원을 발견한 데다, 제도적으로 개방성과 유연성까지 갖춘 덕분이다. 서울의 4분의 1에 불과한 국토에 은행이 무려 150개나 된다. 이들이 보유한 자산만 7,420억 유로에 달한다. 법인세율은 유럽 최저이고, 외국인이 인구의 40퍼센트를 차지한다. 많은 유럽 기업, 글로벌 금융 기관의 본사와 유럽/기시가 룩셈부르크에 디를 잡고 있다. 룩셈부르크어(레체부르크어)뿐 아니라 독일어, 프랑스어 등 3개 언어를 공용어로 쓴다. 다양한 170여 민족이 공존하고 있다.

유럽 왕실가와의 통혼通婚

개방과 평등이라는 룩셈부르크의 가치는 군주 가문의 통혼에서도 드러난다.

19세기 룩셈부르크 대공을 겸하던 네덜란드 왕 빌럼 3세가 사망하면서 10세에 불과하던 딸 빌헬미나가 자리를 이었다. 하지만 룩셈부르크는 여대공을 거부하고 독립을 선언, 아돌프 나사우 공작이 군위에 오른다. 빌헬미나 여왕의 모친인 발데크피르몬트 엠마 대공비가 아돌프 나사우 공작의 이복 여동생이다.

아돌프의 막내 동생은 스웨덴 국왕과 결혼해 스웨덴 왕비가 됐다. 이후에도 나사우 가문은 러시아, 포르투갈, 스웨덴, 벨기에, 네덜란드, 영국, 리히텐슈타인, 오스트리아 등 유럽 왕실과 두루 혼인했다. 이는 소국의 생존 전략이기도 했다.

지금의 앙리 대공의 어머니 조제핀-샤를로트도 벨기에 공주 출신이다. 앙리 대공은 스위스 제네바 유학 시절에 만난 쿠바 출신 평민 마리아 테레사 대공비와 가문의 엄청난 반대를 무릅쓰고 결혼했다.

하지만 조제핀-샤를로트는 장녀 마리 아스트리드를 오스트리아 카를 황제의 손자에게 시집보냈고, 차녀 마르가리타를 리히텐슈타인의 니콜라우

앙리 대공 부부가 손녀인 아말리아 공녀를 들여다보고 있다. 아말리아 공녀를 안고 있는 이는 둘째 며느리 클레어 라뎀마허 공자비다. [사진 =룩셈부르크 보르트]

스 공자(한스 아담 2세 리히텐슈타인 후작의 남동생)와 혼인시켰다. 또 막내 기욤 공자는 스페인 알폰소 13세의 증손녀인 시빌라 빌러와 맺어줌으로써 가문의 자존심을 지켰다.

2012년에 1박 2일에 걸쳐 성대하게 결혼식을 올린 앙리 대공의 장남 기욤 장 조세프 마리 대공세자는 벨기에의 명망가 라노이가家의 스테파니 데 라노이를 세자비로 맞았다.

나치 저항의 상징이 된 샤를로트 여대공

여대공을 거부했던 나사우 가문이지만, 네덜란드 왕가처럼 남계가 끊겨 마리 아델라이드 때부터 여대공으로 전환했다. 초대공 때부터 정치에 크게 관여하지 않아 20세기 들어 군주제 폐지론이 일기도 했다. 하지만 1919년 초대 여대공인 마리 아델라이드가 여동생 샤를로트에게 양위하면서 국민의 참정권은 확대됐고 군주권은 축소됐다. 같은 해 국민투표에서 80퍼센트가 군주제에 찬성했으며, 73퍼센트가 프랑스와의 경쟁 동맹을 지지했다.

나치 침공 시기에 샤를로트는 프랑스로 피신했다가, 미국으로 건너가 루스벨트 대통령을 만나 미국의 참전을 설득했다. 1943년에 런던으로 돌아온 샤를로트는 BBC 방송에서 본국의 저항을 독려하는 메시지를 주기적으로 전달했다. 미군 참전으로 나치가 패망한 후 룩셈부르크는 독립을 얻었다.

부유한 앙리 대공가

장 대공을 거쳐 2000년에 양위받은 앙리 대공은 마리아 테레사 대공비와 함께 장애인 지원, 해외 원조, 경제와 문화, 스포츠 등 다방면에서 활동하고 있다. 앙리는 경제개발위원회BED 명예의장이며, 세계보건기구WHO 산하 약물퇴치 단체인 멘토재단의 회원이다. 환경에도 관심이 많아, 갈라파고스 다윈 재단 의장, 찰스다윈 재단 위원회 회원이기도 하며, 국제올림픽위원회IOC 위원이다. 그는 안락사에 반대하는 등 도덕적 가치 수호에도 애쓰고 있다.

룩셈부르크 납세자 1인이 짊어진 공실 예산 부담은 유럽 최고다.《포브스》의 2014년 추정을 보면 룩셈부르크 납세자 1인당 17유로를 부담하는데 이는 노르웨이의 두 배에 달한다. 유럽 왕실들이 각 정부 긴축 재정에 동참해 예산을 삭감하는 것과 달리 앙리 대공 일가는 2011년 이후 오히려 110만 유로를 늘렸다.

현지 언론《보르트》에 따르면 2015년 왕실 비용은 약 530만 유로다. 그중 절반 이상이 앙리 대공의 개인적 비용이다. 170만 유로는 국가수반의 활동에 쓰인다. 여기에는 왕실 직원들 임금과 대공궁 운영 비용이 포함된

앙리 대공 일가와 형제가가 프랑스 남부 카바송 여름 휴가 별장에서 다 함께 모여 찍은 사진이 공개됐다. 사진에서 기욤 대공세자 부부의 모습은 보이지 않는다. [사진 = 룩셈부르크 보르트]

다. 하지만 《포브스》는 이 중 유흥비로만 70만 3,000유로가 쓰였다고 소
개했다.

경제 사절단 이끌고 전 세계 누비는 기욤 대공세자

앙리 대공은 기욤 대공세자와 펠릭스 공자, 루이 공자, 알렉산드라 공녀,
세바스티앵 공자 등 4남 1녀를 뒀다. 기욤 대공세자는 각국 왕실 행사는 물
론 국제 외교 무대에 앙리 대공을 대신해 참석한다. 2006년 1월 덴마크의
크리스티안 왕자 세례식, 2007년 빌럼 알렉산더르 국왕의 40세 생일 축하
행사에 룩셈부르크 대공가를 대표해 얼굴을 내비쳤다. 그는 룩셈부르크어,
프랑스어, 독일어뿐 아니라 스페인어와 영어도 유창하다.

경제발전위원회 위원장으로서 매년 경제 사절단을 꾸려 각국을 순방하

앙리 대공(오른쪽)이 아버지 장 전 대공과 담소를 나누고 있다. [사진 =룩셈부르크 보르트]

며, 룩셈부르크의 투자 환경을 설명하는 등 외국 기업 유치를 위해 발로 뛰고 있다.

앙리 대공과 기욤 대공세자 부자가 모두 해외 첫 방문지로 한국을 선택한 점은 이색적이다. 두 사람 모두 여러 차례 한국을 방문했다. 기욤 왕세자는 2010년 이후에는 바레인, 아랍에미리트UAE, 사우디아라비아, 카타르 등 중동 국가에서 왕실 주요 인사와 정재계 인사를 만나 '오일머니' 유치에 힘썼다.

기욤 대공세자는 2011년에 이어 2014년 10월에도 경제사절단을 이끌고 한국을 찾았다. 그와 함께 방한한 경제사절단의 규모는 100여 명에 달한다. 2011년에도 삼성과 효성 등 굵직한 기업들을 방문하며 활발한 경제외교를 펼쳤다. 2014년 방한에서는 정보 기술IT, 자동차 부품, 관광, 물류, 영화 산업으로 공략 범위를 넓혔으며 서울시와 경제 협력 양해 각서 MOU도 맺었다.

세계의 왕실

통상 세계 정상들이 주로 일본을 들러 한국에 오는 경로를 택하는 반면 기욤 왕세자의 2014년 방문은 한국을 거쳐 일본으로 이동했다는 점도 주목할 만하다. 일본의 경우 왕실이 존재해 교류가 좀 더 활발할 수도 있는 상황에서 한국을 먼저 방문한 것은 그만큼 깊은 관심을 가진 것으로도 해석할 수 있다.

참조

위키피디아, 룩셈부르크 왕실 홈페이지(monarchie.lu), wort. lu, 《포브스》

국기	개요	
	국왕	한스 아담 2세
	왕가명	리히텐슈타인
	수도	파두츠
왕실 문장	면적	160km²
	인구	약 3만 7,000명
	1인당 GDP	15만 2,933달러
	언어	독일어
	주요 종교	가톨릭교

: 계보도

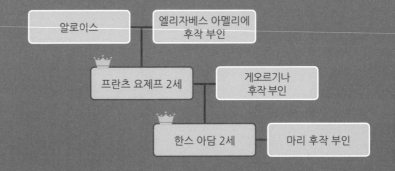

리히텐슈타인

왕실 사업의 부활은 국가 경제의 부흥

인구 3만 7,000여 명의 세계에서 여섯 번째로 작은 나라. 왕도 공작도 아닌 후작의 나라. 하지만 얕보다가는 큰 코 다친다. 리히텐슈타인 공실은 유럽에서 가장 부유한 군주 가문 가운데 하나다.

능력으로 가문과 국가를 일으키다

한스 아담 2세 가문은 유럽 군주 가문 중 보유한 자산이 가장 많다. 《포브스》에 따르면 2011년 기준 한스 아담 2세 일가의 순 자산은 약 50억 달러(약 5조 8,265억 원)에 이른다.

자산의 대부분은 100퍼센트 지분을 보유한 프라이빗 뱅킹Prinate Banking 금융기관인 LGTLiechtenstein Global Trust 그룹에서 나온다. 《포브스》가 추정한

국민에게 능력으로 돈을 버는 군주라는 신뢰를 얻은 한스 아담 2세

LGT 그룹 지분 가치는 약 26억 달러(약 3조 277억 원)다. LGT에서 운용하는 '프린슬리 펀드princely fund'에도 약 14억 달러(약 1조 6,303억 원)의 자산이 있다. 모두 합해 40억 달러다.

한스 아담 2세의 동생 필립, 차남 막시밀리안이 프린슬리 펀드를 운용한다. 1998년 설정된 프린슬리 펀드의 누적 수익률은 486퍼센트에 이른다.[12]

능력으로 돈을 버는 군주에 대한 국민의 신뢰도 높다. BBC 방송은 상당수의 국민들이 리히텐슈타인의 경제적 성공은 왕실의 실력이 바탕이 됐다고 믿는다고 진단했다.

---

12. Luisa Kroll, 'Europe's Richest Royals', *Forbes*, 2011.04.27

세계의 왕실

한스 아담 2세는 아버지 프란츠 요제프 2세의 뜻에 따라 스위스의 생갈 대학교에서 경영학, 경제학, 법학 등을 모두 공부했다. 런던의 상업은행인 함브로스 은행에서 실무도 경험했다.

프란츠 요제프 2세는 학업을 어느 정도 마친 한스 아담 2세에게 은행을 포함해 기울어가던 가문의 사업들을 맡겼다. 당시 가문 사업의 80퍼센트는 철의 장막으로 막힌 체코슬로바키아에 있었고, 그나마도 제2차 세계대전 이후 상당 부분을 빼앗겼다. 요제프 2세는 예술 작품과 땅을 팔아 간신히 재정을 충당할 정도로 절박한 상황이었다.

한스 아담 2세는 그동안의 배움을 바탕으로 은행을 재조직했고, 수익성이 나쁜 사업들은 과감하게 정리했다. 오스트리아 내에 위치한 가문 사업도 재조직에 나섰다.[13] 그 결과 가문의 사업은 다시 번창하기 시작했다.

한스 아담 2세 가문의 부활은 곧 국가 경제의 부흥으로 이어졌다. 리히텐슈타인은 협소한 국토, 빈약한 부존 자원 및 소규모 인구에도 불구하고 1인당 국민소득이 10만 달러에 달하는 부자 나라다. 스위스와의 관세 동맹, 유럽자유무역협정EFTA 가입 등 적극적인 대외 개방 정책 덕분이다. 유리한 세제 및 편리한 교통 등의 조건이 기업 활동에 유리하다. 특히 세금 부담이 매우 적어 외국계 지주회사 설립이 활발하다. 수도인 파두츠에는 2,000개 이상의 회사들이 등록해놓고 있다. 인구보다 일자리가 많아 스위스, 오스트리아 및 독일에 2만여 개가 넘는 일자리를 제공할 정도다.

---

13. James Shotter, 'The Prince of Liechtenstein on leadership', *Financial Times*, 2013.12.01

독일 가문의 뿌리

가문의 뿌리는 오스트리아 북동부 니더외스터라이히에 위치한 리히텐슈타인 성으로 거슬러 올라간다.

가문은 원래 신성로마제국 직할지에 영지를 소유하지 않아 제국의회에 참여 자격이 없었다. 하지만 1699년 쉘렌베르크 남작령, 1712년 황제의 직할 영지인 파두츠를 구입하면서 제국의회에 참여하기 시작했고, 1719년 신성로마제국 황제 카를 6세가 독립국 지위를 인정했다. 라인 동맹, 독일연방 등을 거쳐 1866년 완전 독립했다.[14] 입헌군주 형태로 외교권과 국방권은 스위스에 있다.

유럽 왕실에서 가장 강한 실권을 가진 공자들

유럽의 왕실·귀족 가문 중 가장 강한 실권을 가진 형제를 꼽으라면 단연 리히텐슈타인의 알로이스 공자, 막시밀리안 공자 형제를 들 수 있다. 입헌군주국이라는 점은 다른 유럽 국가들과 같지만 정치적 권력을 지니고 있는 알로이스 공자, LGT 은행의 최고경영자CEO로서 경제적 힘을 지니고 있는 막시밀리안 공자는 상징적 의미에 머무르는 보통의 유럽 왕실 인사들과는 차별화된다.

---

14. 'Liechtenstein', wikipedia, 접속일자 2015.08.26, en.wikipedia.org/wiki/Liechtenstein

정치적 힘, 장남 알로이스 공자

아직 군주의 자리에는 한스 아담 2세가 있지만 정치적 업무와 권력의 상당 부분은 알로이스 공자에게 넘어갔다.

대표적인 것이 '거부권'이다. 시그바르 월웬드 민주주의 지지 운동가는 독일의 방송국인 도이체 벨레DW와의 인터뷰에서 "알로이스 공자는 의회, 심지어 국민들이 내린 결정도 거부할 수 있는 권한을 가지고 있으며 정부와 의회를 해산할 수 있는 권한도 갖고 있다"고 말했다.[15]

국민들의 의견까지 배척할 수 있는 강력한 공자의 권력을 뒷받침해주는 세력은 역설적이게도 국민들이다. BBC 방송에 따르면 2012년 국민투표 결과에 대한 알로이스 공자의 거부권 행사의 인정 여부를 두고 시행된 국민투표에서 76퍼센트의 국민들이 거부권이 유지돼야 한다는 데에 표를 던졌다.

공자의 강력한 힘만 확인시켜준 셈이 된 당시의 국민투표는 낙태 금지 법안 완화에 대한 논란에서 촉발됐다. 인구의 90퍼센트 이상이 가톨릭교도인 리히텐슈타인에서는 낙태가 엄격하게 금지돼 있다. 관련 법을 다소 완화하려는 움직임이 일자 알로이스 공자는 개정 법안에 대해 거부권을 행사할 것이라는 뜻을 밝혔고, 이것이 공자의 권한에 대한 정당성 문제로 이어진 것이다.[16]

---

15. Imogen Foulkes, 'Liechtenstein's Alois - a modern-day Leviathan', deutsche welle, 2012.09.07

16. Imogen Foulkes, 'Liechtenstein referendum rejects curbs on royal powers', BBC, 2012.07.01

경제적 힘, 차남 막시밀리안 공자

형이 정치 권력의 중심에 있다면 동생은 경제 권력으로 막강한 힘을 행사한다. LGT 은행의 CEO인 그의 손끝에 은행과 왕실의 재정 상황이 달려 있기 때문이다. 2006년부터 CEO직을 맡아온 만큼 왕실 은행 경영만 10년이 넘은 베테랑 경영인이다.

공자라는 이유로 실력도 없이 얻은 자리가 아니다. 타고난 지위뿐만 아니라 탄탄히 쌓아온 경력이 힘의 원천이 됐다. 독일 유러피안 비즈니스 스쿨EBS에서 수학하고 하버드 비즈니스 스쿨에서 MBA 학위도 받았다.

풍부한 실전 경험도 거쳤다. 뉴욕에 위치한 체이스 캐피탈 파트너스에서 근무한 후 인더스트리 캐피탈에서도 2년 동안 일했다. 2003년에는 JP모건 독일지사에서도 일하기 시작했다. 그로부터 3년 뒤 왕실 은행 경영 일선에 뛰어 들게 된다.[17]

그러나 탄탄대로만 걸어온 것은 아니었다. 2008년에는 탈세 조사에 나선 독일 연방정보기관이 철옹성으로 유명했던 LGT 은행의 예전 직원을 매수해 고객 정보가 대거 유출되는 사건도 있었다. 이 때문에 유력한 고객들이 일순간 수사선상에 오르기도 했다.

이 사건과 뒤이어 터진 글로벌 금융 위기는 LGT 은행을 일약 '검은 돈의 상징'처럼 만들어버렸다.

LGT 은행은 원래 리히텐슈타인 가문의 재산을 관리하기 위해 만들어진 것이지만, 외국 부자들의 조세 회피 자금을 받아들이면서 덩치를 키워왔기 때문이다. 글로벌 금융 위기 이후 각국이 조세 회피에 적극 대응하

---

17. 'Prince Maximilian of Liechtenstein', wikipedia, 접속일자 2015.08.29, en.wikipedia.org/wiki/Prince_Maximilian_of_Liechtenstein

면서 LGT 은행은 왕실이 나서서 '돈 세탁'을 하는 은행이라는 비난을 받기도 했다.

하지만 이 같은 사태 이후에도 LGT 은행은 여전히 프라이빗 뱅킹의 강자로 군림하고 있다. 유럽 중앙은행이 마이너스 금리 정책을 펼치면서 프라이빗 뱅킹의 필요성은 더욱 커졌고, 이 과정에서 LGT의 사업 역시 계속 번창하고 있기 때문이다. LGT의 기업 가치 상승과 함께 공실 재산도 더욱 커질 것으로 전망된다.

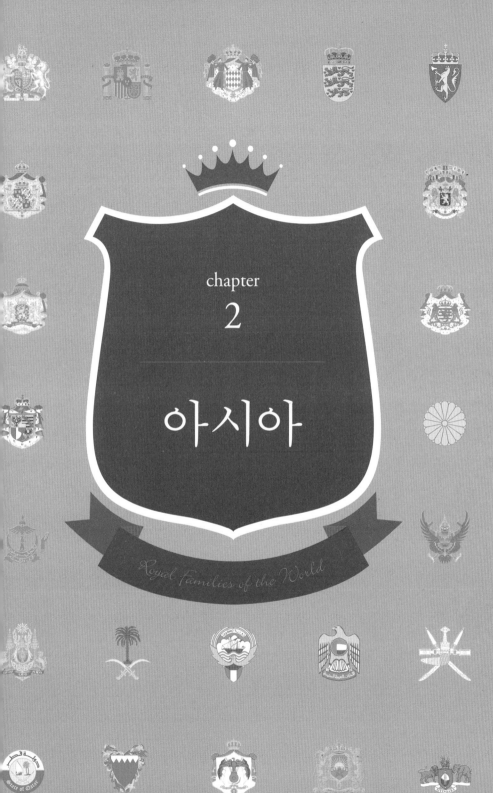

chapter

2

아시아

Royal Families of the World

국기	개요	
	국왕	아키히토明仁
	왕가명	일본 왕가는 성이 없음
	수도	도쿄
왕실 문장	면적	38만km²
	인구	약 1억 2,734만 명
	1인당 GDP	3만 6,332달러
	언어	일본어
	주요 종교	신토, 불교, 기독교

: 계보도

일본

일왕은 신도 인간도 아닌 권력의 상징

나와 신민과의 사이의 끈은 언제나 상호의 신뢰와 경애에 의해 결합되었으
며, 단순한 신화와 전설에 의해 생긴 것이 아니다.

천황을 현인신現人神, 사람 모습의 신이라 하고, 일본 국민을 다른 민족보다 우월
한 민족이라 하고, 게다가 세계를 지배해야 하는 운명을 가졌다고 하는 가공
할 만한 개념에 기초하고 있는 것도 아니다.[1]

1946년 1월 1일 히로히토裕仁 일왕의 〈국운진흥조서〉의 일부다. 일왕이
이 글에서 처음으로 '천황=신'을 공식적으로 부정한다. 이 때문에 '인간선

---

1. 미치노미야 히로히토 일왕이 1946년 1월 1일 관보에 의해 〈국운진흥조서〉를 발표했다.

메이지 일왕. 그는 원훈세력에 의해 일본 제국헌법의 제정 및 '천황중심 사회의 일본'을 구축하게 됐다.

언'이라고도 부른다.

일본의 지배자를 고대에는 '오오키미大王' 또는 '천왕ス工'이라 불렀다. 7세기 들어 '천황'이란 명칭이 등장하고, 7세기 후반 다이호 율령大律令에서 법제화된다.

'황皇'은 황제란 뜻으로 중국의 황제皇帝와 통한다. 여기에 더해진 '천天'은 하늘의 자손이란 뜻이다. 중국의 '천자天子'는 하늘의 뜻을 받은 사람이지만, 천황의 '천'은 하늘의 자손이란 뜻이다.

일본이 주장하는 '천황'의 시조는 '아마쓰히타카히코호노 니니기노미코토'다. 태양의 여신 아마테라스天照의 손자다. 일본 전통 종교 신토神道는 삼라만상에 신이 머문다고 여긴다. 일본 왕가는 단일 가문이다. 태양신 숭배가 최고 통치자의 명칭에 반영된 결과다. 일본 국기도 태양을 상징한다.

메이지유신明治維新 초기(1868~1869년)에 정부는 〈인민고론人民告諭〉과 〈어론서御論書〉 등을 각지에 출간했다. 〈인민고론〉은 일본 왕가의 기원이 아마테라스 오미카미 신화에서 비롯한다는 내용이다. 〈어론서〉 역시 일왕은 인간 신이며, 일본의 주인으로 삼아야 한다고 주장했다. 일본 역사를 통틀어 일왕을 인간이 아닌 신으로 규정한 작업은 이때 가장 활발하게 이뤄졌다.

하지만 일본 역사를 살펴보면 '태양신의 자손들'은 통치자라기보다는 정치적 상징에 가깝다. 실권자들에게 정당성을 부여하는 역할을 했을 뿐 실제 권력을 행사한 기간은 길지 않다.

'천황'이란 명칭이 처음 등장한 건 7세기지만, 헤이안平安 시대인 858

년(덴난 2년) 후지와라노 요시후사藤原良房, 최초로 셋쇼攝政가 사실상 통치자가 된다. 헤이안 시대 이후에는 무신정권인 막부幕府 체제로 바뀌었을 뿐 '천황'은 역시 허수아비였다. 헤이안 시대부터 도쿠가와 막부 때까지는 '미카도御門. 帝'라거나 '긴리禁裏', '다이리裏', '긴주禁中' 등의 여러 표현으로 불려졌다.

막부의 수장에게 세이다이쇼군征夷大將軍이라는 관직을 내리는 상징적인 존재에 불과했던 일왕을 굳이 민중에 알릴 필요가 없었기 때문이다. 이 때문에 심지어 막부시대에는 천황의 존재 자체를 몰랐던 이들이 다수였다고 한다.

메이지유신으로 다시 '천황'이란 명칭이 널리 사용되고 일왕중심제가 성립됐지만, 역시 실권은 의회와 내각총리대신이 가졌다. 메이지 정부의 초대 내각총리대신이 바로 유신의 주역인 이토 히로부미伊藤博文다. 결국 '셋쇼'나 '쇼군'이 '슈쇼우首相'로 바뀐 것뿐이다.

일본 제국의 모든 침략 행위와 반인륜적 행위의 최종 의사결정권자는 일왕이었다. 일본 제국 헌법 체제에서 일왕은 신성불가침의 존재였으며, 일왕 존엄을 침해하는 행위는 불경죄로 의거하여 중하게 처벌했다. 또한 일왕은 '천황대권'으로 불리는 광범위한 권한을 가지고, 모든 통치권을 총람하는 존재였다. 즉, 국가의 모든 작용을 통괄하는 권한을 가진다.

하지만 제2차 세계대전 후 일왕은 전범으로 기소되지 않았다. 1945년 11월, 시데하라 기주로幣原喜重 내각은 각의 결정을 통해 "천황은 대미 교섭의 원만한 타결을 위해 끝까지 노력했으며, 전쟁 중의 모든 결정은 일본 제

국 헌법의 관례에 따른 단순한 재가에 지나지 않았다"며 책임을 부인했다.[2]

일왕 입장에서는 교묘하게 위기를 벗어난 셈이지만, 달리 보면 권력자들의 정치에 휘둘린 꼭두각시에 불과한 나약한 존재임을 자인한 셈이기도 하다.

하지만 오늘날 일본 헌법에서도 일왕은 상당한 정치적 상징성을 갖고 있다.

헌법에서 일왕은 일본국의 상징이며 일본 국민의 통합의 상징이다. 각각 국회와 내각의 지명에 근거하여 행정부(내각)의 수장인 내각총리대신과 사법권을 행사하는 최고재판소 장관을 임명한다(제6조). 또 국권의 최고기관이며, 국가의 유일한 입법기관인 국회를 소집(제7조 2호) · 해산(제7조 3호)하는 등, 국정의 중요한 행위를 '국사행위'로 수행한다(제7조, 다만 국사행위에는 내각의 조언과 승인에 의함).

아울러 전권위임장 및 대사, 공사의 신임장을 인증(제7조 5호)하고, 비준서 및 법률이 정하는 기타 외교 문서를 인증(제7조 8호)하며, 외국의 대사 및 공사를 접수(제7조 9호)하는 등 일반적으로 국가 원수가 수행하는 외교상의 주요 행위를 하도록 정하고 있다.

헌법 제4조에는 일왕에 대해 헌법이 정한 국사에 관한 행위만을 행하며, 국정에 관한 권능은 갖지 않는다고 규정돼 있지만, 헌법에 구체적인 권한이 명시된 만큼 일왕은 상징적으로나마 국가원수인 셈이다.

2. 治田直義, 《幣原喜重朗》(東京 : 時事通信社 1958), pp.223~224.

세계의 왕실

세계 정복의 헛된 꿈

도요토미 히데요시豐臣秀吉 이후 일본의 팽창주의자들은 끊임없이 한반도를 통한 중국 대륙 진출기회를 노려왔다. 메이지유신으로 근대화에 성공한 일본은 청일전쟁(1894~1895년)으로 그 꿈의 첫발을 내딛는다. 이후 일본의 젊은이들을 전장으로 내몰면서 내세운 게 '팔굉일우八紘一宇'다.

이는 서양 세력의 동양 진출에 맞서서 미개한 조선과 중국을 개화해 동양을 지킬 것은 일본밖에 없다는 호소카와 유키치의 '탈아론脫亞論'에서 비롯됐고, 이후 대동아공영권大東共 논리로 발전한다.

여기서 일왕은 중요한 선동 도구로 활용된다. '팔굉일우'란 일본의 첫 '천황'인 진무천황神武天皇이 주창한 건국정신으로 세계 정복의 의미를 담고 있다. 1872년(메이지 5년), 메이지 정부는 태정관 포고 제342호를 통해 진무천황의 즉위를 일본 서기 원년으로 정하고 팔굉일우를 건국 이념으로 삼았다. 1889년의 메이지 헌법 제1조도 '대일본제국은 만세일계인 천황이 통치한다'이다. 1940년 히로히토 일왕은 기본 국책 요강을 발표해

미야자키 현에 세워진 '팔굉일우 탑'. '일본이 세계를 통치한다'는 신념을 담고 있는 탑으로 일본의 아시아 정복사업의 초석이 됐다.

서 팔굉일우를 국책사업으로 삼는다.

메이지 정권은 지방 세력인 다이묘大名들의 자치체제였던 일본을 처음으로 중앙집권국가로 바꾼다. 이른바 폐번치현廢藩置縣이다. 하지만 도구가와德川 막부를 무너뜨리고 메이지유신을 이룬 사쓰마 번(지금의 가고시마 현)과 조슈 번(지금의 야마구치 현)은 지방 세력일 뿐이었다. 비록 가장 현대화된 무력을 보유하고 있는 탓에 주도권을 잡을 수 있었지만, 완전한 중앙집권을 위해서는 구심점이 필요했다. 일왕은 가장 효과적인 구심점이었다.

제2차 세계대전 후 책임 추궁을 왜 안 받았을까?

쇼와 일왕

일왕은 전쟁 중 최고사령부인 '대본영大本營'에서 직접 군을 지휘했다. 실질적으로는 대신 및 장군들이 명령을 내렸지만 형식상으로 최고 명령권자는 일왕이었다. 히로히토(쇼와) 일왕은 중일전쟁과 제2차 세계대전 당시 일본이 이미 조인한 바 있는 베르사유 조약 제171조를 비롯하여 여러 국제 협정에서 금지한 화학 무기의 사용을 허락했다. 일본군은

세계의 왕실

중일전쟁 중 중국과 몽골의 주요 전투 지역에 대대적으로 독가스를 살포했다. 제2차 세계대전 중에는 중국에서 세균 무기의 사용을 허락하고, 세균전을 책임지는 731 부대의 창설을 재가했다.[3]

일왕은 또 중국의 여러 도시에서 일명 '삼광 작전三光作戰'이라 불리는 방화, 살인, 약탈이 포함된 작전을 명령했다. 적 또는 지역 주민을 가장한 적과 잠재적인 적이 될 수 있는 주민 중 15세

제2차 세계대전 패전 후 맥아더를 찾아간 히로히토. 현인신(現人神)이었던 히로히토가 맥아더 옆에 초라하게 서 있는 모습은 일본 국민에게 충격을 주었다.

에서 60세에 이르는 성인 남자를 모조리 죽이는 것이 이 작전의 목표였다. 역사학자 히메타 미쓰요시는 쇼와 천황이 재가한 이 '섬멸 작전'으로 적어도 247만 명 이상의 비전투 민간인이 죽었을 것이라고 추산하기도 했다. 이 같은 전쟁 중의 책임에도 불구하고 일왕은 전쟁 후 책임을 추궁당하지 않았다. 일왕을 일본 국민의 구심점으로 판단한 맥아더가 1946년에 "일왕을 강제로 무너뜨리면 일본 국민들이 반발하여 대규모 게릴라전으로 대항할 것이며, 이를 상대하려면 적어도 100만 명 이상의 병력을 투입해야 한다"는 내용의 편지를 드와이트 아이젠하워 육군참모총장에게 보냈다고 알려져 있다.[4]

---

3. 有馬 哲夫,《児玉誉士夫 巨魁の昭和史》(文藝春秋, 2013. 02.)
4. Lee Khoon Choy, "Japan–Between Myth and Reality", 1995

진보 성향의《아사히신문》은 2001년 8월 15일자 사설에서, "1945년의 원점에서 다시 서 보면 결국 쇼와 천황(히로히토 일왕)의 전쟁 책임은 피할 수 없는 문제다. 군에 대한 모든 넝링이 육해군의 통수권지인 천황의 이름으로 내려졌다. 천황은 전쟁 책임을 면할 수 없다"고 밝혔다. 2000년 12월 도쿄에서 열린 '일본군 성노예 전범 여성국제법정'에서는 히로히토 일왕에게 유죄 판결이 선고되기도 했다. 종전 이후 일왕은 한국에 대해 과거사와 관련해 몇 차례 발언을 남겼다. 1984년 11월 6일 히로히토 일왕은 일본을 방문한 전두환 대통령에게 "우리 사이의 불행한 과거가 있었던 것은 참으로 유감입니다. 난 이것이 다시 반복되지 말아야 한다고 믿습니다"라고 말했다. 1990년 5월 24일에는 히로히토 일왕의 아들인 아키히토 일왕이 노태우 대통령과의 회담에서 "우리 국가에 의해 전해진, 이 불행한 기간 동안 당신의 국민들이 겪었던 고통을 비추어볼 때, 가장 큰 유감을 느끼지 않을 수 없습니다"라고 밝혔다. 1996년 10월 8일 아키히토 일왕은 김대중 대통령과의 만찬에서 "우리 국가가 한반도에 크나큰 고통을 가져다준 기간이 있었습니다. 내가 이것에 대해 느끼는 깊은 슬픔은 절대 잊지 않을 것입니다"라고 연설했다.

천황, 막부 타도 유신 세력에게 권력 통합 매개로 활용되다

메이지유신은 도쿠가와 막부의 반대 세력인 유신 삼걸(이신노 산케츠維新の三傑, 메이지유신을 이끌어낸 3대 인물), 기도 다카요시木戸孝允, 사이고 다카모

'천황체제'를 이용해 일본 제국시대를 연 원훈 세력. 왼쪽부터 기도 다카요시, 야마구치 마스카, 이와쿠라 도모미, 오쿠보 도시미치

리西鄕隆盛, 오쿠보 도시미치大久保利通를 중심으로 이뤄졌다. 원훈元勳. 메이지유신 성공에 공헌한 세력을 일컫는 말이기도 한 이들은 '천황'의 정치적 영향력이 권력을 통합시킬 수 있는 매개체가 될 수 있다고 인식했다. 더군다나 하급무사였던 이들은 다이묘처럼 신분이 높은 무사들을 억누르기 위한 명분이 필요했다. 일왕은 말 그대로 하급무사들에게 권력을 쟁취할 정당성을 부여해주는 보석, '옥玉'이었던 것이다.

때문에 원훈들 사이에서는 '옥을 잘 품어야 한다'는 말이 떠돌 정도로 천황을 시장에서 거래되는 아름다운 보석처럼 취급했다. 1864년 원훈 세력이 일왕을 이용하려고 한 때에는, 즉위한 지 5개월밖에 안 된 메이지 일왕이 자리를 지키고 있었다. 오쿠보 도시미치는 '일왕의 존재는 천하에 널리 알리기 위해 존재한다'며 최고 지위자의 권력이 보이지 않을 때 발생하는 약점을 정확히 파악하고 있었다. 이들은 일왕도 교육시켰다. 일왕

메이지 일왕 전신 군복

이 '국체國體, 국가의 상징'로 자리하기 위해서는 그 권력을 유지하고 원훈과 협력할 줄 알아야 했기 때문이다. 메이지 일왕은 즉위 초 유약하고 여성적인 성격을 가지고 있었다. 그런 그에게 자신을 수호하는 원훈 세력은 큰 의지가 되었음이 분명하다. 실제로 메이지 일왕은 오쿠보와 사이고를 가장 가까이 두고 두터운 신뢰를 보였다고 한다.[5] 원훈은 일왕 스스로가 개화에 나서면 정치체제는 유지한 채 문명 개화를 도모할 수 있다는 사실을 설파했다. 천황과 원훈은 서구의 선진적인 문화는 취하되, 이를 '일본화'함으로써 동양국가에 전파하는 방법을 택했다. 하지만 메이지 일왕이 처음부터 이들에게 동조만 한 것은 아니었다. 메이지 일왕은 이토 히로부미伊藤博文에게 "서구 문화를 너무 좋아해서 마음에 들지 않는다"고 언급한 적이

---

5. NHK, 〈大久保利通～明治の国づくり(富国強兵)～〉, 2015.01.13.

있다.[6] 1871년인 19세 무렵, 메이지 천황은 '정한론'을 주창한 것으로 유명한 사이고 다카모리에게 군인교육을 받았다. 1년이 지난 1872년 그는 군대를 직접 지휘하는 훈련에 임했다. 메이지 일왕은 이후 1882년 1월 4일 〈군인칙유〉를 발표해 "우리나라의 군대는 대대로 천황이 통솔한다"고 밝혔다. 당시 메이지 일왕은 자신의 서명 하나가 얼마나 많은 생명을 앗아갈 수 있는지에 대한 무거움을 알지 못했을 것이다.

일왕과 총리의 권위와 권력, 긴밀하거나 불편하거나

아키히토明仁 일왕이 패전 70년을 맞아 던진 메시지는 강렬했다. 사상 처음으로 '반성'을 추도문에 담았다. 반면 하루 전 아베신조安倍晉三 총리는 담화에서 주어를 생략한 채 '반성'과 '사죄'를 마지못해 읊었다. 일왕과 일본 총리의 다른 인식이다.

일왕은 전통적으로 정치적 참여가 어렵다. 아키히토 일왕이 아베 총리와 생각이 다르더라도 정책에 간여할 수는 없다. 하지만 원자폭탄 피해지역 방문과 전범 피해 사과 등의 행보를 통해 간접적으로 여론을 움직일 수는 있다.

아키히토 일왕

---

6. NHK, 2015.01.13.

아베 총리가 패전 70주년 담화를 8월 15일이 아닌 14일에 발표한 것도 왕실과 내각의 미묘한 갈등을 보여주는 단면이다. 자민당 관계자는 《주간 포스트週刊ポスト》와의 인터뷰에서 "같은 날 담화를 발표하게 되면 같은 날 일왕과 총리가 다른 입장을 내놓게 되지 않을까 싶었다"고 설명했다.[7]

아베 총리의 담화에 '식민 지배'와 '침략'에 대한 문구가 그나마 반영되고, 이에 대한 '사과'를 거론한 것도 일왕의 담화 내용을 염두에 둔 조치였다는 해석도 나오고 있다.

일왕의 동창이기도 한 하시모토 아키라橋本明 전 교도통신 기자도 《주간 포스트》를 통해 "아베가 국제 정세 변화를 이유로 헌법 해석을 바꿔 미국 의회 연설에서 공약한 안보법제를 무리하게 성립시키려 하고 있다"며 "일왕과 왕후는 아베 정권에 '대항'하는 '말씀'을 별도로 준비하고 있다"고 밝혔었다.[8]

사실 2014년 5월에도 아키히토 일왕이 전후 평화 메시지에 아베 총리의 역사 인식과 대치되는 발언을 담을 예정이란 얘기가 나왔었다. 이때, 아베 총리의 자문 역으로 알려진 헌법 학자 야기히데 쓰구八木秀次는 언론 칼럼에서 "국민들은 왕실의 발언을 통해 아베 내각이 추진하고 있는 법안에 문제가 있다고 받아들일 수 있다"며 "도대체 궁내청 관리는 무엇을 하고 있는가"라며 노골적인 불만을 드러냈다.[9]

하지만 일왕이 역대 내각과 모두 불편했던 것은 아니다. 아키히토 일왕

---

7. 〈天皇の終戦記念日のお言葉 首相に対し厳しいものにとご学友〉, 《週刊ポスト》, 2015.07.28.

8. 〈天皇の終戦記念日のお言葉 首相に対し厳しいものにとご学友〉, 《週刊ポスト》, 2015.07.28., http://www.news-postseven.com/archives/20150728_338222.html

9. 八木秀次, 〈憲法巡る両陛下ご発言公表への違和感〉, 《산케이(産經)신문》 2014.05., 《正論》 5월호

과 아베의 경우에는 정치적 배경부터가 다
르다.

아베 신조 일본 총리

조슈 번 정치 가문에서 태어난 아베는 일
본의 '보통국가화'가 자신의 임무라고 여긴
다. 반면 1933년생인 아키히토 일왕은 어
린 시절 직접 전쟁을 겪음으로써 '평화'의
가치를 체험했다.

가쿠슈인學習院 대학의 사이토 토시히토
교수는 《아키히토 일왕(천황)과 평화주의》라는 책에서 "아키히토 일왕은
압도적인 전쟁 체험이 있다. 종전 당시 피난처에서 일부 세력은 아키히토
일왕(당시 왕세자)에게 항전을 요구하기도 했었다"고 설명했다.

하지만 아키히토 일왕에 앞선 메이지 일왕과 히로히토 일왕 등은 내각
과 긴밀한 관계를 유지하며 정치적 영향력도 발휘했다. 메이지 일왕은 이
토 히로부미 총리와 막역했다. 이토는 천황제를 중심으로 한 일본 근대군
주제 구축의 주역이다. 메이지 일왕은 이토의 여성화를 보고 비웃는가 하
면, 이토의 여성 편력에 대해 "자제 좀 하라"며 농담할 정도였다고 한다.[10]
메이지 일왕은 이토가 죽었을 때도 "가장 마음 맞는 사람이 떠났다"고 말
한 것으로 알려졌다. 메이지 일왕은 이토의 장례식을 국장國葬으로 치렀다.

히로히토 일왕의 기록을 엮은 《쇼와실록》을 보면 그는 현실 정치에 적
극적으로 개입했다. 대만이 유엔의 대표권을 상실할 위기에 놓였을 당시,
"중국을 지지하라"며 일본 정부에 요구했다. 만주사변을 일으킨 내각의 결

---

10. 前坂 俊之, 〈日本リーダーパワー史(3) – 女に殺された初代総理大臣伊藤博文〉, 2009.06.,
　　http://www.toshiyukimaesaka.com/wordpress/?p=2021

정에도 극구 반대했다.[11]

히로히토 일왕은 총리들에 대한 호불호도 분명했다. 시종장이었던 일본 제국 마지막 총리 스즈키 간타로鈴木貫太郎를 아꼈지만, 만주사변의 주역이었던 다나카 기이치田中義一 총리는 싫어했다고 한다. 해군 출신인 스즈키 간타로는 연합국과 종전 협상을 하는 중책을 맡았었다.

다만 히로히토 일왕도 패전 후 민주선거가 실시된 이후에는 국민의 뜻을 존중해 내각총리대신에 대한 호불호를 노골적으로 드러내지는 않았다.

아키히토 일왕과 아베 내각의 긴장 관계는 2016년 8월 일왕의 이례적인 영상 메시지를 통해 노골화됐다. 아키히토 일왕은 8월 8일 오후 영상 메세지를 통해 "생전 퇴위"에 대한 자신의 입장을 분명히 했다. "고령으로 일본 상징 역할을 다하기 어렵다"라며 퇴위 의사를 피력한 것이다.

아키히토 생전 퇴위설은 영상 메시지 발표 한 달 전에 이미 불거졌다. 당시 NHK방송은 궁내청 관계자의 발언을 인용해 아키히토 일왕이 더 이상 공무를 수행하기 어렵다는 의사를 여러 차례 밝혔고, 아베 내각도 이에 대해 인지하고 있다고 전했다.

반反아베 성향의 진보 매체인 《겐다이現代 비즈니스》는 아키히토 일왕이 아베 신조安倍晋三 일본 내각이 추진하는 개헌에 불안을 느끼고 생전 퇴위 입장을 서둘러 표명했을 가능성을 제기했다. 보도에 따르면 전 궁내청 관계자는 일왕이 "일왕을 '일본국의 원수'로, 자위대를 '국방군'으로 설정하는 자민당의 헌법 개정 초안에 위기감을 느꼈다고 해도 이상하지 않았다"라고 말했다. 아베의 개헌이 추진되는 것을 우려해 생전 퇴위라는 강수를

---

11. 栗原俊雄,《昭和天皇実録》と戦争〉, 山川出版社, 2015.08.11.

택했다는 것이다.

아키히토 일왕의 가장 큰 관심사는 일본 헌법에 드러난 일왕의 지위였다. 궁내청 관계자들에 따르면 아키히토 일왕은 '일본 상징으로서의 일왕'의 역할을 다하기 위해 공무 줄이기를 꺼렸다. 아사히 신문은 그러나 아베 내각과 자민당이 일왕제의 근간을 다루는 〈왕실전범〉의 개정을 받고 일왕 중심의 국가 체계를 유지하기 위해 '공무 완화'를 대안으로 제시했다고 전했다.

자민당이 추진하는 개헌 초안에는 일왕을 국가의 '원수'로 명문화하고 실질적으로 국가를 대표하는 권한을 부여하고 있다. 전후 일본 헌법상(헌법 제1조) 일왕은 '일본국의 상징이자 일본 국민 통합의 상징'으로 활동해왔다. 하지만 자민당의 개정안은 계약 체결의 책임자를 일왕으로 규정한다. 이에 마이니치 신문을 비롯한 진보 매체는 아베 내각이 과거 일왕을 중심으로 국가 총동원 체제로 돌아가려는 것 아니냐는 의혹을 제기했다. 마이니치는 "자민당의 헌법 전문은 국민이 일왕을 '모시는' 상하관계를 언급해 국민 주권을 침해할 소지가 있다"라고 지적했다. 〈왕실전범〉에 따르면 일왕은 생전에 양위를 할 수 없다. 근세 이전에 일왕의 생전 퇴위가 자주 있었지만 메이지明治시대와 전후 제정된 〈왕실전범〉에서는 일왕의 생전 왕위가 "유일무이한 절대적 존재"로서의 일왕의 권위를 부정한다고 해서 인정되지 않았다. 일왕이 미성년이거나, 중대한 질병으로 일을 할 수 없게 됐을 때 〈왕실전범〉 16조에 따라 왕실회의에서 섭정을 둘 수 있게 하는 것이 전부다.

익명을 요구한 자민당 간부는 아키히토 일왕이 생전 퇴위 의사를 표명한 소식이 참의원 선거전에 알려질 경우 "선거 기간 동안 개헌 논의로 여론을 자극하는 것"을 우려해 "참의원 선거 이후 (생전 퇴위에 관한) 보도를 전했다"라고《겐다이 비즈니스》에 밝혔다.

실제로 아베 내각은 인사를 통해 생전 퇴위를 둘러싼 불편한 심기를 드러냈다.

2012년 6월 궁내청 차관에서 장관으로 승진해 아키히토 일왕을 가장 가까이서 보좌했던 가자오카 노리유키風岡典之 궁내청 장관이 일왕의 영상 메시지가 발표된 이후 한 달 반여 만에 경질된 것이다.

9월 26일 해임된 가자오카 궁내청 장관은 본래 내년 3월 말까지 근무할 예정이었다. 하지만 그의 경질은 갑작스럽게 이뤄졌다. 그것도 가자오카 궁내청 장관이 70세가 된 날 바로 경질보도가 나갔다. 총리실 관저 관계자가 "보복 인사"라고 토로할 정도로 궁내청 장관의 경질조치는 충격적이었다.

아베 내각 관계자는 지지時事통신에 "(지난달 8월 일왕의) 기분 표명과 관련해 누군가 책임을 지지 않으면 안 된다"라며 가자오카 장관이 해임된 이유를 밝혔다. 아키히토 일왕이 일본 국민 앞에 나서서 퇴위 의사를 밝히는 것을 말리지 못했기 때문에 옷을 벗게 됐다는 것이다. 지지통신에 따르면 아베 총리는 '일본의 상징'으로서 일왕이 계속 재위하도록 업무를 경감시키는 방향으로 왕실을 설득하라고 관저에 지시한 것으로 전해졌다.

아베 총리가 아키히토 일왕의 생전 퇴위를 적극 저지한 이유는 9월 2일 시사주간지《슈칸 킹요비週刊金曜日》를 통해서도 확인할 수 있다.《슈칸 킹요비》는 '일왕天皇과 헌법'이라는 기획 기사를 통해 아베 총리가 일왕의 지위를 '일본의 국가원수'로 승격시킴으로써 메이지 시대의 '천황제'를 부활시키려고 하고 있다고 분석했다.

가자오카의 뒤는 야마모토 신이치로山本 信— 궁내청 차관이 잇게 됐다.

신이치로 궁내청 차관은 일왕을 둘러싼 생전 퇴위설이 처음 제기됐을 때 "생전 퇴위란 있을 수 없다"고 주장한 인물이었다.

일왕이 살아 있는 동안 물러난 사례는 에도江戸 시대 후반기인 1817년 고가쿠光格 일왕(1780~1817년 재위)이 마지막이었으며 아키히토 일왕이 왕위를 양위하면 약 200년 만에 생전 퇴위가 이뤄지게 된다.

일왕이 학문에 집중하는 이유

일본 역사 대부분을 통해 상징적 존재였던 일왕에게도 뭔가 몰두할 게 필요했다. 권력이 없어 정치는 위험했고, 품위를 떨어뜨리는 경제활동도 어려웠다. 결국 택할 수 있는 것은 학문뿐이었다.

표면적인 전제군주권을 가졌던 메이지 일왕도 실권은 없었던 까닭에 학문에 의지했다.

메이지 일왕은 청년 시절 한학자들의 교육에 크게 영향을 받아 유학儒學에 조예가 깊었다. 메이지 일왕은 또 사회 발전에 공헌한다는 명분을 내세워 매년 왕실의 학문활동을 독려하는 '강서시講書始' 행사를 기획했다.

매년 1월 왕궁에서 열리는 이 행사에서는 일왕 부부와 인문과학, 사회과학, 자연과학 등 다양한 학문 분야의 권위자들이 참석해 각 학문 분야의 현황을 확인하고 학문의 발전 방향을 논의한다.

이 같은 전통은 다음 대에도 전해졌다. 특히 인문학이나 사회과학의 경우 자칫 정치적 색깔을 드러낼 수 있다는 점 때문에 자연과학으로 집중됐다.

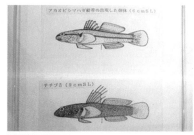

어린 시절 제왕학과 군사학을 공부했던 히로히토 일왕은 전후 아키시키赤坂 별궁 내에 생물학 연구실을 창설해 변형 균류점균와 히드로 파충류히드로조아의 분류학 연구를 시작했다. 당시 학계에서는 히드로조아가 동물인지 식물이지 구별되지 않았는데, 쇼와의 연구 결과 동물인 사실이 확인돼 저명한 학술지에 기고되기도 했다.

아키히토 일왕은 세계적인 망둥이 연구가로 유명하다. 일왕은 '일왕'이라는 직위 외에 어류학 박사 학위도 갖고 있다.

아키히토 일왕이 일본어류학회에 발표한 논문만 28편에 달

망둥어를 연구한 아키히토 일왕(위).
히드로 파충류와 변형 균류를 연구한 히로히토 일왕.
사진은 히로히토 일왕이 개불을 수집하는 모습(아래).

한다. 그는 1992년 세계적인 과학 잡지인《사이언스》지에 논문을 기고하기도 했다.

아키히토 일왕의 취미는 승마와 일본 어악御樂 등 다양하지만 특히 시간이 날 때마다 낚시를 즐긴다고 한다. 자신이 낚은 고기의 상태를 확인하고 생태학적인 변화가 없는지 살펴보기 위해서다. 아키히토 일왕의 실험실도

아카사카 별궁에 있는 것으로 알려져 있다.[12]

일왕은 생활비를 얼마나 받을까?

왕실 운영을 담당하는 궁내청은 정부 예산을 일본 왕실에 집행한다. 아키히토 일왕과 미치코美智子 왕후가 지원받는 생활비는 얼마일까?

궁내청이 2015년 일왕 내정자 내빈에게 지원한 생활비는 3억 2,400만 엔(약 35억 4,000만 원)에 달했다. 이는 고타이시 나루히토皇太子仁 왕세자 부부와 왕손녀 아이코愛子 공주가 지원받은 금액이다. 아이코 공주가 연간 6,500만 엔(약 7억 1,004만 원)을 지원받고 나루히토 부부가 약 1억 2,000만 엔(약 13억 1,084만 원)을 지원받았다. 이로 미루어 아키히토 일왕과 미치코 왕후 부부도 연 1억 2,000만 엔의 생활비를 지급받고 있는 것으로 추정된다.

일왕의 둘째 아들인 아키시노노미야 후미히토秋篠宮 文仁 왕자 부부도 총 6,710만 엔(약 7억 3,298만 원)의 생활비를 지원받는다. 최근 성인식을 치른 가코 공주 덕분에 생활비가 올랐다.

이밖에도 왕족이 품위 유지를 위해 지원받는 돈은 법률에 따라 2015년 기준, 3,050만 엔(약 3억 3,317만 원)이다. 왕실 경제법에 따라 왕족들은 돈이 쓰고 남아도 궁내청에 반납할 필요가 없다.

---

12. 《天皇과 生物學》

아키히토 일왕 일가의 모습

일왕은 돈을 주로 어디에 쓸까? 일반적으로 왕실 경제 운용은 궁내청이 주관하기 때문에 기본적으로 왕실 재산은 국가 소유다. 다만 전후 도쿄에 있는 일본 왕궁을 비롯한 주요 일왕들의 신사는 왕실 재산이다.

일본 왕실은 기본적으로 지출이 있을 때 의회의 승인을 필요로 한다. 따라서 기금을 통한 일본 빈민층 및 이재민 지원에는 왕실의 생활비가 아닌 궁내청 운영비가 따로 지출된다. 이 같은 궁정 비용으로, 2015년 약 55억 6,294만 엔(약 607억 6,788만 원)이 책정됐다. 이 비용은 외국 국빈에 대한 의전 및 왕실의 공적 숙박 등의 경비로도 쓰인다. 궁내청 인건비와 사무비 등에 대한 운영비는 총 108억 2,772만 엔(약 1,182억 7,876만 원)이 따로 지원된다.

아키히토 일왕은 개인적으로는 자신의 취미 중 하나인 실험도구를 사거나 일본 어류학회 활동을 하는 데에 주로 돈을 쓴다고 알려졌다.

일왕 일가에 지원되는 자금은 이따금 논란이 되기도 한다. 아키히토 일왕의 차남 아키시노노미야 후미히토秋篠宮文仁 왕자와 기코紀子 왕자비의 차녀인 가코 공주는 2014년 12월 29일 스무 번째 생일을 맞아 3,000만 엔(약 3억 2,771만 원)짜리 티아라를 장식하고 공식 석상에 올랐다. 일본 의회의 승인을 받아 이뤄진 지출이었지만 3,000만 엔에 가까운 세금이 공주의 성인식 머리 장식에 쓰인 사실은 일부 대중을 분노하게 했다. 게다가 가코 공주가 성인식을 치른 뒤 연 915만 엔(약 9,995만 원)의 '용돈'을 받게 됐다는 소식이 알려지면서 여론이 악화됐다.[13] 나루히토의 딸 아이코 공주가 연 6,500만 엔을 지원받는 사실도 한때 논란거리였다.

왕실의 최고 스타, 아이돌급 인기의 가코 공주

윌리엄 왕세손과 케이트 미들턴 왕세손빈 부부 사이에 샬럿 엘리자베스 다이애나가 탄생했을 때 온 영국이 떠들썩했다. 일본에도 샬럿 공주 못지 않은 인기 공주가 있다. 최근 갓 성인식을 마친 가코佳子 공주다.

아키히토 일왕의 차남 아키시노노미야 부부의 둘째 딸인 그녀는 일본 특유의 단아한 외모를 자랑한다. 나루히토 왕세자의 딸 아이코 공주보다 인기가 더 많다.

아이코 공주가 2010년 초등학교에서 집단 괴롭힘을 당했을 때도 가코

13.《皇室》, 2015.08.

'일본의 샬럿 공주'로 유명한 가코 공주

공주는 피겨스케이팅을 하며 재미난 학창 생활을 보냈다고 한다.[14] 중학교 1학년 때는 피겨 대회에서 1위를 하기도 했다. 그녀는 피겨스케이팅을 계속하고 싶었지만 품위 유지를 해야 한다는 궁내청의 주장 때문에 포기한 것으로 전해졌다. 대신 고등학교 동아리에서 피겨스케이팅과 댄스활동을 하며 아쉬움을 달랬다고 한다. 고등학교 1학년 때는 한국 걸그룹 소녀시대의 'Oh!'의 춤을 따라해 화제가 되기도 했다.[15]

외가의 뜻에 따라 가쿠슈인學院대학 문학부 교육학과에 입학했다가 특별 대우를 받는 것이 불편해 중퇴한 후 국제기독교ICU대학을 들어갔다. ICU대학에 재입학한 이유로는 "자유로운 활동이 가능하기 때문"이라고 밝혔다. ICU대학에서도 댄스 동아리에서 활동했다.[16]

돋보이는 외모 덕분에 가코 공주는 최근 언니인 마코眞子 공주보다 공무도 활발하다. 일본 언론의 관심도 집중되고 있다.

가코 공주의 20세 성인식에는 《아사히신문》 등 일본 주요 매체 소속 기자 30명이 취재 경쟁을 벌였다. 세계 왕실의 공주에 관한 기사를 다루는 일

---

14. 일본 궁내청은 2010년 3월 12일자 보도자료를 통해 아이코 공주가 등교거부를 하고 있다고 발표했다.
15. 《週刊文春》, 2012.06.20.일자 보도
16. livedoor news, 2015.04.06.

본 매체는 특집 기사로 가코 공주에 대해 다루기도 했다.

"우리도 일본 왕실의 가코 공주를 위안부로 보낼 수밖에 없다"는 내용을 주장한 한국의 한 보수매체 칼럼은 일본 내에 큰 화제가 됐다. 일본 내에서 영국의 샬럿 공주만큼 대중적인 사랑을 받고 있는 존재를 위협했기 때문이다. 이에 일본 보수매체에서는 "일본이 혐한으로 돌아설 수밖에 없는 이유"라는 비판을 쏟아내기도 했다.

황금 새장에 갇힌 공주, 마사코 왕세자비

장갑 하나 잘못 꼈다고 두고두고 책을 잡는다면 어떨까? 너무 조잔하다고 느낄지 모르겠지만, 실제로 그런 곳이 있다. 일본 왕실과 언론이다. 일본 왕세자비 오와다 마사코小和田雅子에게는 장갑 하나, 복장 하나가 모두 부담이다. 그렇다고 그녀가 〈말괄량이 길들이기〉의 캐서리나처럼 우악스러운 성격도 아니다. 일본 외교계의 샛별이었던 마사코는 일본 왕실의 일원이 되면서 빛을 잃었다. 오스트리아 비운의 황후 엘리자베스처럼 그녀는 일본 왕실 생활에 지쳐 우울증에 시달리기까지 했다. 시작은 1993년 결혼 발표 기자회견에서였다. 이날 진행된 기자회견에서 마사코는 나루히토 왕세자의 발언에 "저도 그렇게 생각하는데…"라고 거들거나, "덧붙여 말씀드리자면…"이라며 말을 이었다고 한다.[17] 이때 왕실의 한 관계자

---

17. 《女性セブン》

마사코 왕세자비

는 왕실 취재진에게 "전하(나루히토 왕세자)는 9분 9초, 마사코는 9분 37초 발언했냐"며 불만을 드러냈다. 왕실 여성이 왕실 남성에 비해 말을 더 많이 했다는 이유 하나 때문이었다. 해당 사건을 다룬 《여성 세븐女性セブン》지는 이때부터 마사코 왕세자비를 향한 일본 궁내청 관계자들의 불만이 쌓이기 시작했다고 전했다.

평민이라지만 그녀 역시 엘리트였다. 외교관인 아버지 오와다 히사시小和田 밑에서 태어나 러시아, 스위스, 미국을 오가며 러시아어, 프랑스어, 독일어, 스페인어 등을 섭렵했다. 1985년 하버드대학교 경제학과를 졸업하고 도쿄대학교 법학부에 들어가 1년 만에 일본 외무고시에 합격했다. 부녀 외교관으로 화제가 되기도 했다. 나루히토德仁 왕세자를 만난 것도 1986년 엘레나 스페인 공주 방문 자리에서 마사코가 외교관 자격으로 나루히토 왕세자의 의전을 맡았기 때문이다. 마사코 왕세자비의 당당한 매력에 반한 나루히토 왕세자는 이후 마사코에게 연락을 계속하며 7년 동안 청혼을 해왔다. 하지만 외교관으로서 자신의 커리어를 쌓고 싶었던 마사코는 이를 거절해왔던 것으로 알려져 있다.

자존감이 높은 마사코였던 만큼 남존여비가 강하게 남아있는 일본 왕실에서 그녀는 새장 안의 새였다. 나루히토 왕세자보다 키가 크다는 이유로 보수층의 비난을 받았고, 기자회견에서 나루히토 왕세자보다 말을 많이 했다는 이유로 핀잔을 들었다. 연이은 유산과 노산으로 산후우울증을 겪었을 때도 보수 언론은 그녀를 정신분열증으로 매도했다. 마사코 왕세자비는 이후 1년 뒤인 2003년 대상포진이 발병해 요양생활에 들어갔고, 이후 적응장애 판정까지 받으며 11년간 언론에 모습을 드러내지 않았다. 하지만 그녀의 딸 아이코 공주가 2008년경 학교에서 왕따를 당해 등교 거부를 하자 일본 언론은 마사코 공주의 정신분열이 아이코 공주에게 영향을 미쳤다는 보도를 계속 내보내 요양 중에도 그녀는 언론의 뭇매를 맞아야 했다.

2006년 41년 만에 후미히토文仁 왕자와 기코紀子 왕자비 사이에서 후계를 이을 왕손이 태어나자 나루히토-마사코 왕세자 부부는 대중의 관심에서 더욱 멀어졌다. 오히려 그녀의 갑갑한 왕실생활에 관심을 가진 것은 외신이었다. 미국《뉴스위크》는 1996년 '황금 새장에 들어간 공주'라는 특집 기사를 통해 일본 왕실뿐만 아니라 언론의 틈에서 압력을 받는 마사코 왕세자를 위로했다. 프랑스 언론 역시 마사코 왕세자비를 '감금된 공주'라 칭하며 일본 왕실의 남존여비 사상을 비판했다.

2014년 10월, 마사코 왕세자비가 궁중 만찬에 참석하며 무려 11년 만에 세상에 모습을 드러냈다. 당시 영국《데일리 메일》은 "마사코 왕세자비가 왕실 시집에서의 고독한 싸움을 극복하고 만찬에 참석했다"고 보도했다.

하지만《주간 신쵸》를 비롯한 일본 보수매체는 "마사코 왕세자비로 인해 일본 왕실의 전통이 외신으로부터 오해를 받게 됐다"며 "해외의 왕세자비 동정론이 마사코 왕세자비를 둘러싼 새로운 갈등을 초래한 측면도 부정할 수 없다"고 뒤틀었다.[18] 하지만 마사코 왕세자비는 더 이상 숨지 않고 있다. 해외에도 나가고, 왕실 의전행사에서도 모습을 감추지 않고 있다. 일

---

18. 《주간 신쵸》 2013년 6월 20일호와 6월 27일호

본 언론의 주홍글씨는 여전하지만 쉰이 넘은 나이에 다시 찾은 용기로 세상과 당당히 맞서는 모습이다.

'만세일계'의 희망, 왕손 히사히토

2006년 9월 6일. 일본 왕실은 오랜 금기를 깰 뻔한 위기(?)에서 벗어난다. 아키히토 일왕의 차남 후미히토文仁 왕자에게서 41년 만에 아들이 태어났기 때문이다. 이 아들이 히사히토 왕손이다. 일본 왕실 법은 딸의 왕위 승계권을 인정하지 않는다. 일본의 왕통은 영원히 같은 아들 중심의 혈통이 계승한다는 '만세일계萬世一係'의 원칙 때문이다.

아들이 없는 나루히토의 후임은 후미히토지만, 후미히토도 이때까지는 아들이 없었다. 이 때문에 딸에게도 왕위 계승권을 줘야 한다는 논의까지 있었다. 딸이 계승권을 갖게 되면 계승 순서는 왕세자 나루히토에 이어 그의 딸인 도시노미야 아이코가 될 수도 있다.

하지만 히사히토의 탄생으로 이 같은 논의는 순식간에 사라졌다. 이제 후미히토의 후임은 히사히토가 된다. 나루히토는 1960년생이고 후미히토는 1965년생이다. 확률상 현재 왕위 계승권자 가운데 가장 오래 왕위에 있을 왕족은 히사히토다. 자연스럽게 왕실의 무게 중심은 후미히토 부자로 옮겨갔다. 진보적인 행보와 왕실 전통을 깨는 나루히토德仁 왕세자와 마사코 왕세자비를 향한 언론의 관심은 이미 꺼진 지 오래였다.

히사히토 왕손이 태어날 당시 후미히토 왕자 가족을 지원하는 궁내청 직원은 일곱 명에 그쳤다. 하지만 이후 직원이 1년마다 한두 명씩 증가해 22명으로 늘었다. 궁내청 관계자는 일본 온라인매체 '라이브도어'에 "나루히토 왕세자가 즉위하면 차기 계승권자 공무는 후미히토 왕자가 맡게 될 것"이라며 "궁내청 입장에서는 후미히토 왕자 집안에도 나루히토 왕세자에 버금가는 지원을 할 수밖에 없다"고 말했다.[19]

히사히토 왕자

현재 일본에서는 나루히토 왕세자 다음 일왕 계승권자가 후미히토가 되어야 할지, 히사히토가 되어야 할지에 대한 논란이 있다. 계승 서열은 후미히토가 2위로 3위인 히사히토에 앞서지만, 나루히토 왕세자와의 나이 차가 크지 않아 자칫 짧은 시간에 일왕이 두 차례나 바뀔 가능성이 있어서다. 게다가 일본 내 여론은 나루히토보다는 후미히토에게 우호적이다. 나루히토의 자진 퇴위를 주장하는 목소리가 있는 것도 이 때문이다.

히사히토가 나루히토의 양자가 되는 방법이 불가능하지는 않지만, 이 역시 일본에서는 거론되지 않는 시나리오다. 현행법상 일본의 왕위 계승 서열은 일본의회의 의결을 통해 변경될 수 있다. 현실 권력이 왕실의 운명을 좌우할 수 있는 셈이다.

---

19. 《皇室》, 8월호

일왕 후계를 둘러싼 보이지 않는 대립

정치와 거리가 먼 일본 왕실이지만, 현실 정치에서 자유로울 수만도 없다. 일왕이 여전히 국민 상당수에게 정신적 지주 역할을 하기 때문이다. 아키히토 일왕의 후계를 둘러싼 나루히토 왕세자와 후미히토 왕자의 보이지 않는 대립은 왕실과 현실 정치 사이의 관계를 극명하게 보여준다. 왕위 계승 서열 1위의 나루히토 왕세자는 왕실 전통을 깨고 현직 외교관이던 오와다 마사코를 부인으로 맞아들일 정도로 개혁적이고 소탈하다. 또 외교력이 뛰어나 쇼와 일왕과 아키히토 일왕을 대신해 왕실 외교 업무도 맡고 있다.

하지만 아베신조 총리 등 보수 세력에게는 눈엣가시다. 특히 2015년 2월 나루히토 왕세자가 그의 생일에 한 발언은 열도를 발칵 뒤집었다. 그는 "앞선 전쟁으로 일본을 포함한 세계 각국에서 많은 이들이 소중한 목숨을 잃었고 많은 사람이 고통과 큰 슬픔을 겪은 것을 매우 마음 아프게 생각한다"며 "전쟁의 참혹함을 두 번 다시 반복하는 일이 없도록 과거의 역사를 깊이 인식하고 평화를 사랑하는 마음을 키우는 것이 중요하다"고 말했다. 이어 "우리나라(일본)는 전쟁의 참화를 거쳐 전후 헌법을 기초로 노력을 쌓아올려 평화와 번영을 향유하고 있다"고 강조했다.[20] 2014년에는 아베 내각의 개헌 움직임에 대해 "지금의 일본은 전후 일본 헌법을 기초로 삼아 쌓아올려졌고 평화와 번영을 향유하고 있다"며 "앞으로도 헌법을 지키는 입장에 서서 필요한 조언을 얻으면서 일에 임하는 것이 중요하다고 생각한다"고 발언했다. 이 때문에 일본 보수층 사이에서는 다음 왕위를 나

---

20. 일본 궁내청이 공개한 나루히토 왕세자의 생일기념 연설 전문, 2015.02.24.

왕위 계승 순위

루히토 왕세자가 아닌 후미히토 왕자에게 계승할 수 없냐는 의견이 끊임없이 올라오고 있다.

나루히토 왕세자는 국제연합UN '물과 위생에 관한 사무총장 자문위원회UNSAB' 명예 총재를 역임할 만큼 학식도 깊은 것으로 알려졌다. 그런데 2015년 4월 대구에서 열리는 세계 물포럼에 참석하지는 못했다. 당시 일본 정부 관계자는 "경호 문제와 정치관계 등을 고려해" 행사 불참을 통보했다고 설명했다. 이 때문에 아베 내각이 나루히토 왕세자의 방한을 제지했을 것이라는 의문이 제기됐다.

반면 후미히토 왕자는 한때 '난봉꾼'이라 불릴 정도로 왕실의 골칫덩이였다.[21] 그런데 2006년 갑자기 지지도가 상승한다. 41년 만에 왕실 후계를 이을 아들 히사히토를 얻은 덕분이다. 당시 여성의 왕위 계승이라도 검토해야 한다던 일본 정부는 히사히토 왕손이 태어나자 "후계는 남성이 잇는다"며 모든 논의를 덮었다. 후미히토 왕자의 행보도 눈에 띄게 바뀌었다.

---

21. livedoor news 보도

그는 2011년 아키히토 일왕이 기관지 폐렴과 고열로 입원한 가운데 맞은 자신의 마흔여섯 번째 생일에 "왕도 정년을 정해야 하고 이 기준을 더 논의해야 한다"고 말인했다.[22] 그는 '논의'에 대한 구체적인 의미를 설명하지는 않았지만, 일왕의 혈통을 이어갈 아들이 있는 자신의 왕위 계승 가능성을 제기하고자 하는 계산이라는 분석이 제기됐었다.

그런데 이 같은 후미히토의 행보에 더욱 힘을 실어주는 게 정치권과의 관계다. 후미히토 왕자는 보수적인 행보를 통해 보수 세력과 긴밀한 관계를 유지하고 있다. 보수 세력은 후미히토 왕자를 통해 평화헌법 개정과 재무장 등에 대한 국민적 지지를 이끌어내기를 희망하는 것으로 알려졌다. 그는 왕실 전통과 다른 나루히토 왕세자와 마사코 왕세자비의 행보에 대해서도 비판적인 입장을 취하며 왕실 내 보수 세력의 신임을 얻은 것으로 전해졌다. 그가 나루히토 왕세자 대신 일본 왕실회의 의원과 예비의원으로서 왕실을 위한 각종 법안을 제안하는 등 적극적인 행보를 이어가고 있는 것은 그 반증이라는 분석이다.

나루히토 왕세자는 왕위 계승 1순위자임에도 2003년 이후 왕실 의원직을 수행하지 않고 있다. 세계적인 종교학자이자 황실 규정을 정하는 아베 총리 직속 협의체의 일원인 야마오리 데쓰오山折哲雄는 2013년 후미히토의 왕위 계승을 주장하는 글을 월간지 《신초 45》 3월호에 실었다. 이 글에서 그는 "마사코 왕세자비는 10년째 요양 중이고 왕실 적응 장애가 심각해 왕위는 후미히토가 적임이니 왕세자 전하는 퇴위하십시오"라고 주장했다.

일왕이 생전 퇴위 의사를 밝히면서 차기 왕위에는 나루히토 왕세자가 오

---

22. livedoor news, 2011.12.27.

를 것이 확실시되고 있다. 현재 아베 내각은 아키히토 일왕에 한해서 퇴위 시기를 명문화하는 특별법을 제정하거나 나루히토 왕세자의 '섭정'을 허용하는 개정안을 마련하는 방안을 검토하고 있는 것으로 알려졌다.

꺼지지 않는 천황폐지론

'옴진리교 사건'으로 인해 일본에서는 포교활동이 금기시됐다. 그런데 또다른 금기가 있다. 바로 '천황폐지론'이다. 처음 공론화된 것은 제국주의 시기다. 1911년 중국에서 신해혁명으로 청 왕조가 멸망하고 공화정이 수립된 게 도화선이다. 이후 1925년까지 일본에서는 정치, 사회, 문화 각 방면 일련의 민주주의, 자유주의적인 사조가 유행한다. 이때를 '다이쇼 데모크라시大正デモクラシ'라고 부른다.

당시 헌법학자이자 귀족의원이었던 미노베 다쓰키치美濃部達吉가 '천황기관설'을 주창하며 정당내각제를 지지하자 지식인들 사이에 일왕폐지론에 대한 연구가 이뤄지기 시작했다. '천황기관설'은 주권은 법인인 국가에 있으며, 일왕은 국가의 최고 기관으로서 다른 기관의 도움을 얻어 통치권을 행사한다는 논리다.

하지만 1930년대 '천황주권설'을 내세운 군부를 중심으로 한 우익의 강력한 반발을 불러일으켰다. 미노베 다쓰키치는 저서 발행 금지 처분을 받고 불경죄 혐의로 조사를 받은 후 의원직에서 사퇴한다. 그러나 1990년대까지 천황폐지론은 꾸준히 명맥을 잇는다.

국기	개요	
	국왕	하사날 볼키아
	왕가명	볼키아
	수도	반다르 세리 베가완
왕실 문장	면적	5만 7,000km²
	인구	약 42만 명
	1인당 GDP	4만 2,239달러
	언어	말레이어(공용어), 영어, 중국어
	주요 종교	이슬람교(79%), 기독교(9%), 불교(8%)

: 계보도

오마르 알리 사이푸딘 2세

압둘 모민

하심 자릴룰 알람 아콰마딘

무하마드 자말룰 알람 2세

아흐메드 타주딘

오마르 알리 사이푸딘 3세

하사날 볼키아

브루나이

온전한 독립의 어려움

브루나이는 6~7세기 무렵 '폴리Poli' 또는 '푸니Puni'라는 이름으로 중국과 교류를 시작한 것으로 기록이 시작됐다. 《동방견문록》의 저자 마르코 폴로가 1292년 브루나이와 중국의 무역에 대한 기록을 남기기도 했다.

아왕 알크 베탓타르라고 알려진 초대 브루나이 술탄(이슬람교국의 군주) 무하마드가 왕에 올라 이슬람 왕국을 세웠다. 하지만 왕위에 오르기 전까지는 마자파히트 왕국의 통치 하에 있었기 때문에 힌두교 문화가 발달했다. 브루나이는 열네 명의 '사우다라(형제와 사촌만이를 의미하는 말)'에 의해 왕국을 형성한 것으로 알려져 있다. 때문에 브루나이 왕실은 형제 상속이나 장자 상속이 아니라 사우다라의 다수결에 따라 차기 술탄을 정했다.

오늘날의 볼키아 왕국은 초대 술탄 무하마드의 직계 후손이 아니다. 이복동생이자 2대 술탄인 아흐마드의 직계 후손이다. 이것이 사우다라가 형성한 브루나이만의 독특한 승계 문화였다. 볼키아 정권은 5대 술탄인 볼키아가 보르네오 섬 진역과 남부 필리핀 일부분을 정복하면서 볼키아의 후손이 왕위를 계승하는 상속체계가 형성됐다.

하지만 브루나이 국력은 16세기부터 유럽의 영향력이 확대되면서 약해졌다. 1847년에는 영국과 우호조약을 체결해 영토의 대부분을 영국에 빼앗겼다. 1906년 브루나이는 사실상 영국의 보호령이 됐다. 이후 1941년 일본에 정복당하는 아픔을 겪었다가 1945년 패전과 함께 해방됐다. 하지만 영국이 브루나이 외교 및 국방, 안보를 관장케 하는 자치정부 헌법을 제정하고 공포해 다시 영국의 보호령이 됐다.

브루나이가 완전한 독립을 이룬 것은 현 술탄이자 스물아홉 번째 술탄인 하지 하사날 볼키아가 통치할 때였다. 1967년 아버지 오마르 알리 사이푸딘의 뒤를 이어 왕에 오른 하사날 볼키아는 석유 수익을 통해 얻은 오일머니를 국가 인프라 설치 및 경기 활성화에 이용해 주권을 강화했고, 1984년 완전한 독립을 이룰 수 있었다.

검은 황금의 제국

브루나이는 작은 나라다. 하지만 많은 것을 가졌다. 국왕과 왕족들은 이 나라에서 가장 많은 것을 누린다. 브루나이에서 국왕은 총리이자 국방부 장관이자 재무부 장관이다. 입법부와 사법부도 국왕 아래다. 국민들의 반발은 없

온전한 독립을 이룬 브루나이의 왕 하사날 볼키아

다. 세금이 없고, 1인당 국내총생산GDP은 5만 달러가 넘는다. 교육과 복지는 모두 정부가 책임진다. 현재대로라면 반발할 이유가 없다.

모든 지하자원을 소유한 왕실

브루나이의 부富의 원천은 칼리만탄 북부의 해저에서 생산되는 막대한 석유와 천연가스다. 1929년부터 개발된 이들 자원은 국내총생산의 69퍼센트, 수출의 98퍼센트를 차지한다. 왕실은 자원의 93퍼센트를 소유한다. 2011년《타임TIME》지가 추정한 술탄 하사날 볼키아 국왕의 재산은 약

200억 달러(약 23조 원)다. 세계에서 두 번째로 재산이 많은 왕실로 꼽힌다.

볼키아 국왕은 글로벌 투자가이기도 하다. 재무부 산하 투자회사를 통해 미국, 영국, 프랑스 등 세계 각국의 오싱급 호텔 열 개를 운영하는 호텔 체인을 보유하고 있다. 또 캘리포니아 주 로스앤젤레스 카운티에 있는 베벌리힐스와 벨에어 호텔도 볼키아 국왕 소유다. 베벌리힐스 호텔은 2003년부터 아카데미 시상식 전야제 행사가 열리는 곳으로 유명하다. 이외에도 브루나이에 있는 칠성급 엠파이어 호텔과 10톤에 달하는 순금 사원도 브루나이 왕실의 소유다.

가진 게 많은 만큼 국왕은 씀씀이도 차원이 다르다. 1993년 키프로스의 한 호텔 직원들에게 작은 감사의 표시로 팁을 남겼는데, 이는 무려 17만 달러(당시 약 1억 3,600만 원)였다. 또 지금은 이혼한 두 번째 왕비를 위해서 순금 10톤을 들여 사원을 짓기도 했다. 이 순금 사원 내부에는 5톤가량의 크리스탈 장식도 있다. 분수쇼로 유명한 '조루둥 테마파크' 역시 이 둘째 왕비의 생일선물로 마련한 것이다.

육·해·공, 사치의 끝판왕

하사날 국왕은 세계에서 명차를 가장 많이 소유한 사람 가운데 하나다. 《타임》지는 2014년 기준, 하사날 국왕이 소유한 명품 자동차는 약 7,000여 대에 달한다고 전했다. 왕은 기분에 따라 요일별로 차를 바꿔 탄다고 한다. 차종도 모터사이클에서부터 스포츠카, 호화 세단까지 다양하다. 자동차 외에 비행기에도 관심이 많아 보잉747기도 구입했다. 구매한 보잉기는 프랑스 공예예술의 명가인 라리크Lalique의 크리스탈 마감재를 입히고 내부는 금으로 도배했다. 꾸미는 데만 1억 2,000만 달러(약 1,325억 4,000만 원)를 들었다고 한다. 이외에도 에어버스 340기를 비롯한 열여섯 개의 전세기와 두 대의 헬리콥터를 보유하고 있다. 금을 좋아해 왕궁 거실 카펫에는 금가루를 뿌리고 보석을 박았다.

한편 국왕의 동생인 제프리 볼키아 왕자는 투자청장과 재무부 장관 재직 시절 148억 달러(약 16조 3,466억 원)를 횡령했다는 혐의로 2007년 전 재산을 압수당했다. 압류된 재산은 약 2억 달러(약 2,209억 원) 상당으로, 다이아몬드 다섯 개와 고급차 1,700대, 대형 요트, 프랑스 플라자 아테네 호텔, 피카소 등의 명화 100점 등이다.

인맥도 돈으로 관리한다

하사날 국왕은 미국 정치인들과 긴밀한 관계를 유지하는 것으로 유명하다. 특히, 클린턴 미국 전 대통령과는 각별한 사이다. 인맥의 중요한 에너지는 돈이다. 그는 2002년 클린턴 전 대통령이 운영하는 클린턴재단에 수백만 달러를 후원했다. 이 후원금은 이후 아칸소 주에 클린턴 대통령 도서관을 착공하는 데 쓰였다.[23]

클린턴 전 대통령과 하사날 국왕의 첫 만남은 일반 외교행사에서 이뤄진 것으로 알려져 있다. 2000년 아시아태평양경제협력체APEC 정상회담에서도 클린턴 전 대통령은 브루나이 왕실이 운영하는 칠성급 엠파이어 호텔 스위트룸에 묵었다. 클린턴 전 대통령은 2005년 하사날 국왕의 기부에 감사를 표하기 위해 브루나이를 개인적으로 방문하기도 했다.

23. "The Clintons and the Sultan of Brunei have a History", *freebeacon* 온라인 기사, 2015.05.22., http://freebeacon.com/politics/the-clintons-and-the-sultan-of-brunei-have-a-history/

브루나이 왕실의 인연은 빌 클린턴에서 멈추지 않는다. 1995년 하사날 국왕의 50세 생일파티에서는 팝의 황제 마이클 잭슨을 비롯해 찰스 왕세자 등 세계 각국의 유명인사가 자리를 빛냈다. 2013년 할리우드 스타 린제이 로한이 브루나이 왕위 서열 3위인 하지 압둘 아짐 왕자의 신년 생일파티에 초대받아 런던 호텔에서 데이트를 즐겼던 사실도 드러났다. 당시 초대 비용은 약 10만 달러(약 1억 원)에 달했다.[24]

석유를 계기로 친분을 쌓게 된 인연도 존재한다. 영국과 네덜란드 합작회사 로열 더치 쉘의 CEO 벤 반 뷰어든과는 브루나이산 원유와 액화천연가스LNG를 거래하며 친밀해졌다. 2015년 4월 아짐 왕자의 결혼식 당시 뷰어든은 50만 달러(약 5억 5,225만원) 선물을 전달했다.[25]

국민들에게만 가혹한 샤리아 형법

2015년 4월 30일 브루나이는 '샤리아'를 기반으로 한 형법을 시행하겠다고 밝혔다. 브루나이 인구의 80퍼센트는 이슬람교도다. '샤리아Shariah'는 이슬람교의 법 체계를 뜻한다. 사회 전반에 대한 규범과 범죄에 대한 처벌을 동시에 담고 있는데, 처벌이 극단적이다.

---

24. *Daily Mail*. 2013.01.03., http://www.nydailynews.com/entertainment/gossip/confidential/lindsay-lohna-prince-ly-sum-party-article-1.1231920

25. "Shell CEO Ben van Beurden audience with Corrupt Despot, the Sultan of Brunei", John Donovan, 2014.11.27., http://royaldutchshellplc.com/2014/11/27/shell-ceo-ben-van-beurden-audience-with-corrupt-despot-the-sultan-of-brunei/

음주에는 태형, 절도에는 손발 절단형을 가하고, 성범죄자·간통 범죄자 혹은 동성애자에게는 투석형을 내린다. 브루나이뿐 아니라 다른 이슬람 국가에서도 샤리아는 존재한다.

하지만 국제사회는 하사날 국왕의 발표에 분노했다. 이슬람 최고 지도자인 '술탄'이기도 한 그는 스스로 샤리아를 어겨왔으면서 국민들에게만 이를 강요하려 했기 때문이다.

1997년 미국 전 미스 USA인 섀넌 머케틱은 하사날 국왕과 그의 동생 제프리 볼키아를 상대로 1,000만 달러(약 110억 4,500만 원) 손해배상 소송을 제기했다.[26] 머케틱은 브루나이 왕실의 개인비서 및 홍보 업무 담당으로 취업했는데 정작 한 일은 강제로 춤을 추고, 성노예 취급까지 받아야 했다고 주장했다. 하사날과 제프리는 외교상 면책특권을 이용해 소송을 무력화시켰다. 그러면서 머케틱에게 "살인보다 극악한 주장을 했다"며 반박했다.

브루나이 왕실로부터 피해를 입었다는 주장은 머케틱뿐 아니다. 왕실 무용단이었던 배우 출신 질리안 로렌은 책에서 "국왕과 그 동생 모두 수많은 결혼과 이혼을 반복했지만 모두 법 위에 있다"며 "브루나이 왕족은 자기 마음대로 무엇이든 할 수 있는 존재"라 지적했다.

실제로 하사날 국왕은 세 번 결혼해 세 번 모두 이혼했다. 동생 제프리 볼키아도 다섯 번 결혼해 두 번 이혼했다. 로렌은 제프리 왕자가 방탕한 생활로 전재산을 탕진한 지난 2001년 브루나이 왕실의 비행을 고발하는 수기를 공개해 세상을 깜짝 놀라게 했다.

하사날 국왕은 동성애자에게 투석형을 가하는 등 일반인에게는 가혹한

---

26. "The Sex-obsessed World of Brunei", *New York Post*, 2014.05.10. 일자, http://nypost.com/2014/05/10/inside-the-wacky-sex-obsessed-world-of-brunei/

벌을 내려왔지만 동생인 제프리 볼키아와 자신 등 왕실의 잘못에는 관대한 모습을 보였다.

그런데 정작 브루나이 국내에서는 이중적인 샤리아 적용 방침에 불만이 거의 없다. 일부 여성들은 샤리아 도입 발표에 경외를 나타내기도 했다. 이들은 "이슬람교 아래 샤리아 형법 시행은 당연한 것"이라는 입장을 내비쳤다.《인디펜던트》지는 "왕실이 제공하는 편안함에 취해 자신의 자유와 권리를 포기하는 것이 당연해졌다"고 해석했다.

일부지만 이 같은 비합리적인 통치에 불만을 가진 이들도 있다.《뉴욕포스트》는 "악독한 법과 불공평한 체제에 지친 브루나이 국민 다수가 나라를 빠져나가고 있다"며 "특히 능력 있는 인재들 사이에서는 국적을 포기하려는 움직임이 일고 있다"고 소개했다.

브루나이 왕실의 초호화 결혼식

2004년 당시 서른 살인 알 무흐타디 비라흐 볼키아 왕세자와 17세 여학생 사라의 결혼식이 거행됐다. 이들은 1,788개의 방이 있는 왕궁에서 금과 보석에 둘러싸인 채 전통 혼례를 올렸다.

이날 들어간 비용은 500만 달러(약 60억 원)에 달했다. 브루나이 독립 이후 최대의 행사였다. 하지만 이후의 결혼식과 비교하면 이때의 결혼식은 그 어느 때보다 소박한 편이었다.

브루나이 왕족의 결혼식은 국가의 최대 행사다. 왕실의 안정을 공고히

하고 길거리 시장 활성화 등을 통해 부의 배분 효과와 국민경제 활성화를 유도할 수 있어서다.

외교적으로는 말레이시아, 인도네시아, 싱가포르, 필리핀, 태국 등 주변국과 교류할 수 있는 기회를 마련해 준다. 작은 나라 브루나이가 전 세계 외국 언론의 관심을 얻을 수 있는 기회이기도 하다. 빌라흐 왕세자의 결혼식 당시 고故 노무현 전 대통령도 하사날 볼키아 국왕 앞으로 축전을 보내기도 했다.

2,000만 달러를 들인 수루룰 볼키아 공주의 결혼식

2012년 하사날 국왕의 딸 하자 하피자 수루룰 볼키아 공주가 브루나이 총리실 공무원과 결혼식을 올렸다. 당시 볼키아 국왕이 공주를 위한 결혼식에 쓴 비용은 2,000만 달러(약 237억 원)에 이른다.

2015년 4월 14일 왕위 서열 2위의 압둘 말리크 왕자의 결혼식에도 비용이 비슷하게 들었다. 말리크 왕자의 신부인 평민 출신 라비아툴 아다위아 빈티하지 볼키아가 신은 금과 다이아몬드로 장식된 구두는 프랑스 고급 수제화 브랜드 크리스찬 루부탱에서 직접 디자인해 만들어 화제가 됐다.

왕실의 노력과 고민

남중국해와 맞닿아 있는 해안을 제외하고는 말레이시아 사라왁 주에 둘러싸여 있고, 사라왁 주의 림방에 의해 두 지역으로 나뉘어져 있다. 브루나이는 보르네오 섬에만 영토가 있는 유일한 국가이며, 섬의 나머지 부분은 말레이시아와 인도네시아에 속해 있다. 인구는 대략 45만 명이다.

브루나이는 말레이시아와 인도네시아를 아우르던 마자파히트 제국의 일부였다. 1578년 스페인에 점령당했고 17세기 중반에서야 포르투갈과 동맹하며 독립을 쟁취했다. 하지만 영국과 네덜란드가 이 지역에서 식민지 확장을 본격화하면서 힘이 급격하게 약해졌다.

19세기 초 내란이 발발하자 당시 브루나이 국왕은 제임스 브룩이라는 영국인에게 반란군 진압을 맡겼다. 하지만 반란을 진압한 브룩은 브루나이 내에 소왕국을 건설했고, 싱가포르와 홍콩에 있던 영국 해군을 이용하여 30여 년간 브루나이 영토를 잠식했다. 결국 브루나이는 1888년부터 영국령에 편입된다.

1959년 영국은 브루나이의 자치권을 인정하고 헌법 제정과 의회 구성 그리고 국회의원 선거까지 준비했다. 1962년에는 브루나이 국회의원 선거가 치러지기도 했다.

하지만 이때가 마지막이다. 1967년 술탄 하사날 볼키아 국왕이 아버지 술탄 오마르 알리 사이푸딘 3세로부터 왕위를 물려받았다. 볼키아 국왕은 영국과 긴밀한 관계를 유지하는 동시에 말레이시아 연방으로의 편입을 추진한 반발 세력을 제거하는 데 힘썼다. 이후 비상조치법을 발표해 2년마다 갱신함으로써 세습군주제의 정당성을 확립했다.

절대왕정을 유지한 채 1984년 영연방의 일원으로 독립했다. 영국의 비호(?) 아래 독립하면서 볼키아 국왕은 절대왕정의 기반을 공고히 하는 데 힘썼다. 다른 한편으로는 말레이 전통을 유지하고 이슬람을 국교로 삼겠다고 선포해 국민 다수의 지지를 확보했다.

1929년 발견된 석유는 왕정의 가장 든든한 버팀목이다. 하지만 20~30년 후 고갈이 예상되면서 왕실은 관광 등 새로운 수익사업을 찾는 데 골몰하고 있다. 동시에 국민들에 대한 강력한 통제장치도 마련했다.

국기	개요	
	국왕	푸미폰 아둔야뎃
	왕가명	짜끄리
	수도	방콕
	면적	51만 3,120km²
왕실 문장	인구	약 6,774만 명
	1인당 GDP	5,426달러
	언어	태국어
	주요 종교	불교

: 계보도

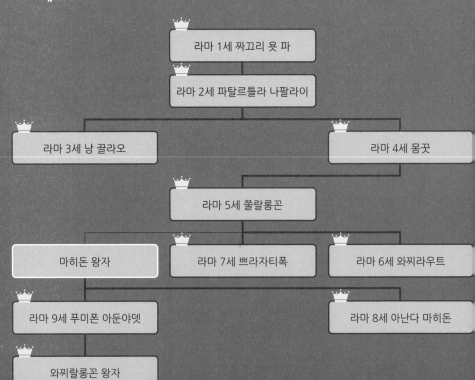

태국

국가에 투자해 왕실 자산 불리기

태국 왕실은 세계에서 가장 부유한 왕실로 꼽힌다. 막대한 영지와 알려지지 않은 자산들을 포함하면 전 세계 여느 억만장자 부럽지 않다는 말도 나온다.

다만 태국 왕실의 재산이 어느 정도인지 정확한 추산은 불가능하다. 왕실 재산을 관리하는 왕실 재산관리국CPB, Crown Property Bureau은 관련 계좌나 활동 내용을 대중에 공개할 의무가 없다.

태국 왕실을 다룬 책《푸미폰 아둔야뎃, 일생의 업적》에 따르면 왕실이 방콕에 소유한 부동산의 가치만도 1조 바트(약 33조 2,000억 원)에 이르는 것으로 추산된다.

왕실 재산관리국 본부

왕실의 방콕 부동산 면적은 8,300라이(rai, 1에이커는 2.5라이)이며, 방콕
외 지역에 보유한 부동산은 3만 3,000라이에 달하는 것으로 알려졌다. 이
를 제곱킬로미터로 환산하면 각각 13.4355제곱킬로미터, 53.4185제곱킬
로미터다. 모두 합치면 여의도 면적(8.4제곱킬로미터)의 여덟 배에 달한다.

이뿐만이 아니다. 기업 투자 형태의 자산은 2010년 기준 2,000억 바트
(약 6조 6,380억 원) 정도다.

왕실 재산을 관리하는 CPB의 정체성도 설명하기 쉽지 않다. CPB는 왕
실 행정기구도 아니고 정부기구도 아니다. 그렇다고 민간투자회사도 아니
다. 다만 법적으로는 법인으로 구분되며, 푸미폰 국왕 개인이 소유한 개별
기구는 아니다. 일부는 준정부기구로 소개하고 있기도 하다.[27]

CPB는 여타 국가들의 왕실 재산관리기구와 역할도 다르다. 국가 사업
에 대한 투자 기구로 기능한다. 태국 정부는 CPB를 태국 경제의 최대 투자
기구 가운데 하나이며 경제에 미치는 영향력도 상당하다고 소개하고 있다.

CPB가 설립된 것은 1936년으로, CPB의 전신은 내탕內帑국PPB, Privy Purse

---

27. https://en.wikipedia.org/wiki/Crown_Property_Bureau

Bureau이다. 19세기 말 중국인들을 포함한 외국인들이 유입되면서 태국 경제가 급속도로 성장했고 조세 수입도 증가했다. PPB에 할당된 자금도 증가해 왕실 수입도 늘어났다. 1892년 150만 바트에 불과하던 수입은 1902년 610만 바트, 1912년 870만 바트로 20년 사이 무려 여섯 배 늘어났다. PPB는 은행사업, 시멘트공업, 물류업 등에 투자했고 20세기 초 밀려드는 외국계 자본과 경쟁하는 역할을 했다.[28]

전제군주정이 몰락하고 1932년 입헌군주정이 들어서면서 PPB도 변해야 했다. 1936년 CPB가 출범했고 1948년 왕실재산법CPA에 따라 법인으로 인정받으며 정부로부터 독립된 기구가 됐다. 그러나 이사회 의장직은 재무부 장관이 맡고 나머지 이사들은 왕이 임명한다.

1936년 제정된 왕실재산법에 따라 왕실 재산은 세 가지로 분류된다. 왕실에 세습되는 재산, 왕궁과 같은 부동산, PPB가 이전에 투자한 자산 등이다. 이 법을 통해 왕실은 국가에 투자하고, 그 수익을 왕실 재산으로 만들 수 있는 체계를 마련했다.

CPB는 현재 30여 개 기업에 대한 지분을 가지고 있다. 대표적인 것이 시암 상업은행SCB, 시암 시멘트 그룹SCG, 시암 인터콘티넨탈 호텔, 시암 시티은행 등이다. SCB는 70여 개 자회사를 거느린 태국 내 최대 금융그룹 가운데 하나였다.

CPB는 주로 SCB와 SCG, 부동산 임대 등으로 수익을 내며, 23퍼센트의 지분을 가지고 있는 SCB로부터는 2010년 25억 바트의 수입을, 지분 32퍼센트를 보유한 SCG로부터는 34억 바트의 소득을 올렸다. 총 4만 1,300라

---

28. 《푸미폰 아둔야뎃; 일생의 업적(Bhumibol Adulyadej; A Life's Work)》, 2011

이 규모의 부동산은 어느 정도의 수익을 내는지 알려지지 않았으나, 2010년 약 4만 개의 부동산 임대계약을 체결하기도 한 것으로 전해졌다.

한편 왕실이 한 해 쓰는 예산은 약 60억 바트(약 1,974억 원) 정도이나 2011년 궁내청에 할당된 예산은 26억 바트(약 855억 4,000만 원), 국왕 개인 비서실은 4억 7,700만 바트(약 156억 9,330만 원)였다. 부족분은 CPB에서 해결한다. 국가 예산으로 대부분을 충당하는 영국 왕실과 다른 부분이다.

네 명의 대왕이 일군 왕실의 역사

태국 왕조의 기원은 7세기 중국 남부의 티벳·버마 계열의 남조南詔로 거슬러 올라가지만, 현재 태국의 영역 내에서 본격적인 기록 역사가 시작된 것은 13세기다. 수코타이 왕국이 출현한 1220년을 시작으로 보는 것이 일반적이다.

수코타이 왕조에 이어 태국을 통치한 것은 아유타야 왕조다. 1350년부터 1767년까지 태국 역사상 가장 오랜 기간 태국을 지배한 왕조로, 14세기 말 수코타이 왕국을 복속시키고 16세기 포르투갈 등 서양과 무역을 개시하기도 했다. 한반도와의 교류도 있었다.

아유타야 왕조는 1765년부터 내부에 혼란이 일어나 버마군의 침공이 이어졌고 1767년 멸망했다. 이때 버마군에 대항한 이가 아유타야 왕조의 지방장관이었던 프라야 탁신 장군이다. 그는 짜오프라야 강 하구 서안의 톤부리에 도읍을 건설하고 1776년 왕국을 재통일한다. 하지만 말년에 정신

착란 증세를 보여 부하들의 반란으로 처형됐다.

탁신을 물리친 이들이 왕으로 추대한 이는 부하 장수인 짜끄리Chakri였다. 현 짜끄리 왕조의 시작이다.

짜끄리는 1782년 라마 1세로 왕위에 올라 지금의 방콕으로 수도를 옮겼다. 캄보디아의 바탐방 지역을 병합하고 버마군의 침공을 격퇴해 현 왕조의 기틀을 다졌다.

라마 4세는 영국인 가정교사였던 레오노웬스의 회고록으로 서방에 널리 알려졌다. 1944년에 소설이 나왔고 1946년 〈애나와 시암의 왕〉이란 영화가 제작됐다. 1951년 뮤지컬도 나왔고 율 브리너와 데보라 커 주연의 영화 〈왕과 나〉는 1956년에 만들어졌다.

라마 4세는 부인이 모두 32명, 자녀는 82명에 이르는 것으로 전해졌다. 즉위 전 서양 문물을 연구하기도 했던 그는 국내 정치 및 경제 개혁을 추진했고 서방 각국과 조약을 맺었다. 1855년엔 영국과 우호통상조약인 보링bowring조약을 맺었는데 이는 태국 최초의 조약이지만 불평등 조약이란 오명을 갖고 있다. 1856년 이 조약을 비준할 당시, 그는 처음으로 '시암Siam'이라는 국호를 사용한 것으로 알려져 있다. 지금의 명칭인 태국Thailand은 1940년부터 사용됐다.

라마 5세(쭐랄롱꼰)는 태국 근대화를 이끈 국왕으로 평가받는다. 왕 앞에서 기는(?) 행동을 금지했고 노예제 폐지에도 힘을 기울였다. 1896년에는 영국과 프랑스로부터 태국의 중립지대화 약속을 받아냈다. 철도를 건설하고 의무교육도 시행했다.

라마 6세(와찌라우트) 때인 1917년 태국은 연합군에 가담해 제1차 세계대전에 참전했고 국제연맹의 창설 회원국이 됐다.

라마 7세(쁘라자티폭)는 태국 최후의 절대군주로 기록됐다. 1932년 민주 개혁 쿠데타가 발생해 입헌군주제가 도입됐고 1935년 영국 체류 중 퇴위를 선언했다. 이어 그의 조카 라마 8세(아난다 마히돈)가 열 살의 나이로 즉위해 1945년 귀국했으나 이듬해 궁중에서 의문의 죽음을 당하고 동생인 라마 9세(푸미폰 아둔야뎃)가 왕위에 올라 지금에 이르고 있다.

한편 태국에는 국민들로부터 존경을 받는 군주 네 명에게 '대왕'의 칭호를 붙인다. 수코타이 왕조의 람캄행 대왕, 아유타야 왕조의 나레수안 대왕, 톤부리 왕조의 탁신 대왕, 짜끄리 왕조의 쭐랄롱꼰 대왕 등이다.

국왕은 어버이이자 신神이다

우리는 왕의 충실한 종복, 경하드리세.
영토의 수호자이시고 초안적 덕목을 갖춘 전능한 군주에게.
그의 자애로운 지도 아래서 우리는 보호받고 번영과 평화를 누린다.
전하가 원하는 것은 무엇이든 이뤄지기를 바랍니다.

푸미폰 아둔야뎃 국왕, 라마 9세를 찬양하는 〈국왕찬가〉는 태국 내 국왕의 입지와 국민들의 인식을 보여준다. 왕은 국민들의 아버지이자 불교의 법도 아래 국가를 통치하는 통치자이며, 태국 민족주의의 중심이고, 권력의 정당성의 근원이다.

국왕을 모독하는 것은 국왕에 의한 통치 자체를 부정하는 것과도 같다.

때문에 정부는 왕에 대한 모독을 법
으로 강력히 처벌하고 있다.

1932년, 700년의 절대군주제를
종식하고 입헌군주제를 도입한 라
마 7세, 그리고 형인 라마 8세의 갑
작스런 죽음으로 1946년 즉위한 푸
미폰 국왕. 그는 10여 차례의 군부
쿠데타에도 70여 년이란 긴 시간 동
안 왕국을 통치하며 세계 최장수 국
왕으로 건재하고 있다. 태국 역사에
서도 최장수 국왕이다.

70여 년 동안 왕국을 통치해온 푸미폰 국왕

푸미폰 국왕이 재위하기까지

격동의 현대사만큼 푸미폰 국왕의 즉위 과정도 극적이다. 어린 시절은
제2차 세계대전과 함께했고 즉위 이후 젊은 시절은 수많은 쿠데타와 함
께했다.

푸미폰 국왕은 1927년 미국 매사추세츠 주 케임브리지에서 태어났다.
다섯 살이 되던 1932년에 절대군주제가 폐지됐고, 당시 국왕이던 라마 7
세는 1934년 혁명 주체 세력과의 갈등을 빚어 영국으로 망명한다. 이때
라마 7세는 푸미폰 왕의 형인 아난다 마히돈(라마 8세)에게 왕위를 넘긴다.

사실 푸미폰 국왕과 마히돈 국왕의 아버지인 마히돈 아둔야뎃(송클라 왕
자)은 쭐랄롱꼰(라마 5세)의 77명의 자녀 중 69번째였다. 그만큼 마히돈 왕
자의 왕위 계승 가능성은 낮았다. 하지만 라마 8세는 내각과 의회의 결정

에 따라 10세의 나이에 왕위를 물려받는다. 하지만 왕위 계승 후에도 유학을 계속하던 라마 8세는 제2차 세계대전이 끝난 1945년에야 귀국을 한다. 그리고 불과 1년 만인 1946년 의문의 죽음을 당한다. 19세의 푸미폰이 그 자리를 대신했다. 라마 8세의 죽음은 아직도 미결사건으로 남아있다.

이상적인 통치 사상, 탐마라차와 테와라차를 구현하는 왕

젊은 국왕 푸미폰은 유학을 마치고 귀국한 1950년에야 즉위식을 거행했다. 70년의 재위 기간이 지나면서 그의 권위는 어느 누구도 위협할 수 없을 만큼 확고하며 절대적이다.

푸미폰 국왕에 대한 존경은 수코타이 왕국 이래 수백 년 동안 이어져온 태국 국민들의 탐마라차라는 사상에서 비롯된다. 탐마라차는 불교에서 나온 이상적인 국왕의 상想이다. 국왕은 아버지가 자식을 다스리는 것처럼 국민을 통치하고, 국민들은 국왕을 아버지처럼 존경한다.[29]

여기에 왕의 신성神性을 강조하는 '테와라차'란 개념이 아유타야 왕국 이후 왕권 개념으로 확립됐다. 덕분에 태국에서 왕은 세속의 신으로 여겨져 경외의 대상이 됐다.

아울러 불교도 왕권의 절대성을 지지하는 기반이다. 태국 국민의 90퍼센트 이상이 불교신자다. 역대 태국 국왕들 사이에는 즉위 전 또는 즉위 후에도 출가하는 관례가 있기도 했다.

태국 헌법에는 "국왕은 불교도로 종교의 수호자"라고 규정하고 있는데, 탐마라차는 불교의 법을 시행하면서 통치의 정당성을 확보하는 것으로, 국

---

29. 《태국의 이해》, 한국태국학회, 2005

왕은 이를 지지하면서 자연스레 왕권의 정당성을 확보하게 되는 것이다.

이는 태국 국기에서도 나타난다. 태국 국기의 세 가지 색 중 적색은 국가, 백색은 종교, 청색은 국왕을 상징한다.

아버지 같은 일꾼, 국왕개발계획에 힘쓰다

이런 이상 왕의 모습을 구현하기 위해 그는 불기 2512년(서기 1969년)부터 국왕개발계획Royal Development Project을 실시했다. 지방 순시를 통해 낙후된 지역을 관찰하고 개발하려는 푸미폰 국왕의 노력이다. 이 계획은 '왕실주도계획', '왕실프로젝트', '왕실후원프로젝트' 등으로 나뉜다.

왕실주도계획은 왕이 직접 자금을 투입해 초기 계획을 시행하고 결과가 좋으면 정부기관을 통해 확대하는 방식이다.

왕실프로젝트는 초기 아편 생산을 근절하기 위한 목적으로 실시됐다가 고산족 복지 개선 사업으로 발전했다. 프로젝트가 다루는 사업들은 매우 다양하다. 수력발전소 건설 등 수자원 개발계획부터 황무지 개간 등을 통한 토지 개발계획, 인공강우 연구 개발계획 등과 같은 농업 개발계획, 농업 기술 연구 등 연구 개발계획, 위생 및 보건 복지가 열악한 지역에 의료단을 파견하는 보건·위생 개발계획 등이 실시됐다. 교육 개발계획 등도 이뤄졌다.

이를 위해 로열프로젝트재단, 차이파타나재단 등이 설립돼 계획들을 주도하고 있다. 1988년 푸미폰 국왕이 설립한 차이파타나재단에는 딸 마하짜끄리 시린톤 공주가 최고의장에 임명돼 왕의 뜻을 잇고 있다.

도마에 오른 왕실 모독죄

푸미폰 국왕이 많은 국민들의 존경을 받고 있지만, '왕실 모독죄' 집행 여부는 여전히 논란이다.

태국 헌법 6조는 왕은 지존의 존재이며 누구도 왕의 지위를 침해할 수 없고, 왕을 비난하거나 고소할 수 없다고 규정하고 있다. 또 태국 형법 112조는 국왕, 왕비, 그의 상속자나 섭정을 비방하고 모욕하거나 위협하는 자는 형벌에 처하도록 되어 있다.

2014년 5월 집권한 지금의 군부정권은 집권 이후 수십 명에게 왕실 모독죄로 실형을 선고했다. 2015년 2월엔 태국 법원이 탐마삿대학교 연극반원 두 명에게 연극 형식을 빌어 왕을 모독했다는 이유로 징역 2년 3개월을 선고했다. 이들은 1973년 발발한 학생 민주화운동 40주년인 지난 2013년 교내에서 〈늑대 신부〉라는 연극을 공연했다가 2014년 8월 왕실 모독 혐의로 체포됐다.

2015년 8월엔 마하 와찌라롱꼰 왕세자의 전 부인 스리라스미 전 왕세자비의 부모도 왕실 모독죄로 징역 2년 6개월을 선고받았으며, 왕세자비를 돌봤던 시종도 불경죄로 체포됐다. 또 페이스북 등 소셜미디어에 왕실을 모독하는 글을 올린 혐의로 법원이 남성 한 명과 여성 한 명에게 각각 30년형, 28년형을 선고하기도 했다.

그러나 이에 대해 유엔인권최고대표사무소UNHCHR는 인권 침해를 우려하며 개정을 촉구했다. 일각에서는 정치적 보복, 정적 제거 등에 악용될 소지가 있다는 지적도 나왔다.

쿠데타만 열다섯 차례, 민주는 후퇴하고 왕권은 더 공고히

2014년 쿠데타를 통해 정권을 장악한 프라윳 찬오차 당시 태국 육군 참모총장이 잉락 친나왓 총리 정부를 몰아내고 가장 먼저 취한 행동은 국왕의 쿠데타 승인을 받는 일이었다. 국민의 절대적 지지를 받는 국왕의 승인은 쿠테타 성공의 마지막 조건이다.

프라윳 장군 중심의 군부는 탁신 친나왓 전 총리 집권 이후(2001년) 그를 지지하고 있던 도시 빈민과 농민 계층(레드셔츠, 친탁신계)과 중산층과 엘리트 세력(옐로셔츠, 반탁신계) 간의 대립 사이에서 친나왓 정권의 부패와 정치·경제 안정 등을 이유로 쿠데타를 일으켰다.

군부는 중산층과 엘리트 세력의 지지를 받았다. 하지만 푸미폰 국왕의 쿠데타 승인은 쿠데타의 정당성을 확보하고 국민적 지지를 위해 반드시 필요했던 절차다.

1932년 개헌 이후 태국에서는 열아홉 번의 쿠데타가 발생했고 푸미폰 국왕 재위 기간 중에만 열다섯 번의 쿠데타가 일어났다.

재위 중 첫 쿠데타는 1947년 11월의 군부 쿠데타다. 문민정부가 물러나고 신군부 세력이 정권을 장악했다. 이때부터 쿠데타는 태국 정권 교체의 한 방식이 되었다.

푸미폰 국왕은 재위 기간 동안 네 번의 섭정(대리청정) 체제를 거쳤다. 이중 두 번이 군부 섭정이다. 총리 및 육군 장성이었던 싸릿 타나랏, 타넘 끼띠카쫀이 집권했다.

싸릿은 1957년 피분 송클람 정권의 부정선거를 이유로 쿠데타를 일으켰다. 그는 1963년 병으로 사망할 때까지 권력을 행사했다.

1963년 타넘이 권력을 승계했지만 정치 계파 간 갈등으로 사회가 불안정했다. 그는 1971년 친위 쿠데타를 일으켜 헌법을 폐지하고 국회를 해산, 독재체제를 구축한다.

그러나 1973년 민주화를 열망한 학생혁명으로 타넘 정권이 퇴진하고 과도 민간 내각이 구성돼 1975년 총선거에서 연립 내각이 집권했다. 하지만 연립 정부의 통치력 약화와 정부의 좌경화 경향 등을 이유로 1976년에 다시 군부가 쿠데타로 집권한다.

1980년에 총리가 된 쁘렘 띤술라논의 집권 기간인 1981년과 1985년에 두 차례의 쿠데타가 시도됐지만 푸미폰 국왕이 이를 승인하지 않으면서 실패로 끝났다.

이 때문에 나온 "기수(총리)는 바뀌지만 마주(왕)는 영원하다"는 쁘렘 전 총리의 말은 태국 국왕의 정치적 위상을 단적으로 보여준다.

1991년 쑨턴 콩쏨퐁 태국군 최고 사령관의 의회 해산과 계엄령 선포 이후 민주화가 진행되면서 군부 쿠데타는 한동안 발생하지 않았다. 하지만 2006년 탁신 정권 퇴진 운동이 거세지며 15년 만에 다시 부활했다.

비교적 쿠데타에 중립적이었던 푸미폰 국왕은 때에 따라 입장을 달리하면서 시대 흐름을 따라가는 결정을 내린다고 평가받고 있다.[30] 1957년 쿠데타 승인을 시작으로 정치권에 영향력을 행사하기 시작했고, 1973년 학생혁명 당시엔 민주화를 지지하며 군부 세력을 견제했다.

다만 빈번한 쿠데타와 이에 따른 국왕의 역할 확대는 권위주의적 사회 분위기와 국민 정서 탓이라는 지적도 있다. 태국에서 정치는 대중의 관심 밖에 있고, 과거 신분계급이나 복종적 상하관계에 따른 국민의식도 민주

---

30. 《태국의 이해》, 한국태국학회, 2005

정치 발전을 저해한다는 주장이다.[31]

다재다능한 푸미폰 국왕

꿈속에서 난 버려진 섬에 있었어요.

잊혀지지 않길 바라면서 당신을 기다립니다.

당신을 곁에서 본다면 얼마나 기쁠까요.

당신이 나타나지 않으면 얼마나 슬플까요.[32]

푸미폰 국왕이 작곡한 〈꿈의 섬Dream Island〉이란 곡의 일부다. 푸미폰 국왕은 작곡은 물론 재즈 음악에도 조예가 깊었고 색소폰, 클라리넷, 기타, 피아노 등을 연주하는 것으로 알려져 있다. 그가 처음 재즈를 접한 것은 1942년. 스위스의 쿨름 호텔에서 우연히 재즈를 듣고 이에 감명을 받아 트럼펫 연주를 꿈꾸지만, 그의 몸 상태를 우려한 가족들과 의사의 권유로 색소폰을 불기 시작했다.[33] 초기 재즈인 딕시랜드 재즈와 뉴올리언스 재즈에 관심을 보였으며 베니 굿맨, 스탄 게츠, 라이오넬 햄프턴, 베니 카터 등 당대의 명 연주자들과 함께 공연하기도 했다.

이뿐만이 아니다. 푸미폰 국왕은 그동안 49개의 곡을 쓴 것으로 알려

---

31. 《태국의 이해》, 한국태국학회, 2005
32. 《푸미폰 아둔야뎃; 일생의 업적》, 2011
33. 《푸미폰 아둔야뎃; 일생의 업적》, 2011

져 있다. 40세 생일에는 영어로 된 41
번째 곡 〈메아리Echo〉를 썼고 〈여전히
내 마음에Still on My Mind〉, 〈구식 멜로디
Old Fashioned Melody〉, 〈달 없는No Moon〉 등
을 작곡하기도 했다.

1964년 오스트리아 빈을 방문했을
때는 니더외스터리히 톤퀸스틀러 오
케스트라가 그의 곡 〈내리는 비Falling
Rain〉, 〈해질녘 사랑Love at Sundown〉 등을
연주했으며, 빈 예술대학에 음악가로서
아시아 첫 번째 명예회원으로 이름을
올렸다.[34]

그는 104점의 미술작품을 남긴 화가
이기도 했다. 리얼리즘적 작품뿐 아니
라 추상화도 남겼다. 그의 그림엔 시리
낏 왕비도 등장하는데, 그의 예술적 뮤
즈는 바로 시리낏 왕비였다. 지방 순시

푸미폰 국왕이 그린 시리낏 왕비의 초상(위)
사진기를 들고 있는 푸미폰 국왕(아래)

를 하는 푸미폰 국왕의 목에는 항상 사진기가 걸려 있을 정도로 사진에도
관심이 많았다. 방콕 비만멕 궁전 안에는 푸미폰 국왕의 사진박물관이 있
는데, 이곳엔 그가 찍었던 사진들이 보관돼 있는 것으로 알려져 있다.

독일의 카메라 브랜드 라이카는 1999년 그의 즉위 50주년을 기념하여

---

34. 《푸미폰 아둔야뎃: 일생의 업적》, 2011

세계의 왕실

한정판 카메라를 발매하기도 했다. M6 모델에 24K 금을 도금한 것으로 대당 1만 달러에 모두 700대가 팔렸다.[35]

푸미폰 국왕은 요트 여행을 즐기는 것으로도 유명하다. 30대 후반부터 40대 초반에 항해에 열정적인 관심을 보인 그는 놀랍게도 직접 요트를 제작하기도 했다. 1967년엔 제4회 동남아시아반도SEAP 요트 경기에서 우본랏 공주와 함께 금메달을 따는 기염을 토했다.[36]

태국의 추앙받던 '살아 있는 신' 푸미폰 국왕, 세상을 떠나다

2016년 10월 13일, 푸미폰 국왕이 서거했다. 12월 89세 생일을 불과 2달 앞둔 가운데 태국의 '살아 있는 신'은 역사가 됐다.

재위 기간은 70년 126일. 지난 1946년 6월 9일 왕위를 승계한 이후 잇따른 쿠데타에도 흔들림 없이 태국 왕실을 지켜온 푸미폰 국왕도 죽음과 세월의 벽은 넘을 수 없었다.

워낙 고령이었던 터라 건강 이상설은 그 동안 꾸준히 불거졌고 이 때문에 왕위 계승의 향방에도 관심이 모아졌다.

35. http://www.thaimedicalnews.com/travel-bangkok-thailand-hospital/king-bhumibol-thailand-lecia-m6-custom-gold-plated-camera/
36. 《푸미폰 아둔야뎃; 일생의 업적》, 2011

국왕의 서거

2016년 10월 12일, 왕실 사무국은 "전날 혈압 저하와 함께 호흡이 가빠지는 현상이 나타났다. 혈액 검사 결과 감염이 확인됐고 간의 활동도 불규칙하다"면서 "인공 호흡기와 혈장 투석기CRRT를 가동하고 있지만 국왕의 상태가 안정적이지 않다"고 밝혔다.

왕실 가족들은 잇따라 외부 일정을 취소하고 푸미폰 국왕의 곁으로 모였으며, 쁘라윳 찬-오차 총리 역시 일정을 취소하고 긴급 각료 회의를 소집했다.

푸미폰 국왕은 이미 지난 2009년 이후부터 건강문제로 입원과 퇴원을 반복하고 있었다. 2016년 1월 병원에서 치료 도중 휠체어를 탄 채 왕궁을 둘러보는 모습이 포착된 뒤로 대중 앞에 모습도 드러내지 않았다.

13일 결국 왕실사무국은 "폐하께서 오늘 오후 3시 52분 시라라즈 병원에서 영면했다"는 성명을 밝혔다. '살아 있는 신'이 세상을 떠난 것이다.

비탄에 빠진 태국, 추모는 열기로 가득

왕의 서거로 태국 전역은 깊은 슬픔에 빠졌다. 태국 방송사들은 흑백 화면으로 방송을 송출하고 정규 방송을 중단했다.

국영 방송의 특집 프로그램을 방영하면서 애도의 뜻을 표했고 주요 일간지들도 푸미폰 국왕의 흑백사진과 애도사로 지면을 채웠다. 애도의 분위기 속에 방콕 홍등가 업주들도 영업을 중단했다.

왕궁에는 수백만 명의 애도 인파가 몰려들었다. 왕궁과 왕궁 사원(에메랄드 사원) 출입문 밖에는 검은색과 흰색 상복을 입은 국민들이 몇 백 미터에 이르는 줄을 만들었다. 사진과 태국 국기 등을 들고 세상을 떠난 왕을 추모했다. 왕궁 앞에서 밤을 지새우는 이들도 허다했다.

22일에는 수십만 명의 태국인들이 왕족들의 다비식 장소로 쓰이는 사남 루앙 공원에서 한 목소리로 '국왕 찬가'로 불리는 '썽썬 프라바라미(국왕께 평안을)'을 제창하기도 했다. 공원 전체가 전국 각지에서 몰린 추모객들로 발 디딜 틈 없이 가득 찼고 국왕의 모습이 그려진 바트화 지폐나 국왕의 사진을 가슴에 품고 열창했다.

왕에 대한 존경심을 담은 이 국왕 찬가는 1913년 처음 작곡됐으며 여러 차례 개사를 거쳤다. 이번 행사에는 100명 규모의 오케스트라가 반주를 했다.

질서 유지에 총력, 왕실모독과의 전쟁

전국적인 애도 분위기 속에 흰색과 검은색 상복이 동이 나는 사태가 벌어지기도 했다. 정부는 "상복을 입지 않았다고 해서 주변인들을 질책하지 말라"는 당부까지 내렸다.

국왕 서거 이후 상복이 불티나게 팔리면서 품귀 현상이 빚어지자 일부 상인들은 검은색 옷과 천 가격을 몇 배로 올려받는 상황도 벌어져 당국이 단속에 나서기도 했다.

왕실 모독에 대한 단속도 강화됐다. 한 여성이 후계자인 와찌랄롱꼰 왕세자와 임시 섭정자로 임명된 프렘 티술라논다(96) 추밀원장을 페이스북에 게재하면서 경찰의 기소가 이어지기도 했다.

푸켓에서는 한 여성이 국왕을 욕보였다는 이유로 경찰에 체포돼 경찰과 주민 수백 명이 지켜보는 가운데 국왕의 초상화에 이 여성을 무릎꿇리는 일도 발생했다.

당국은 인터넷 검색 사이트 구글과 동영상 사이트 유튜브 등에 대한 대대적인 감시 활동도 벌였다. 왕실 모독에 대한 게시물을 감독하기 위해서다. 왕실 모독으로 의심되는 게시물 주소와 시간 등을 구글 감시팀에 보내 게시물을 24시간 이내로 차단하고 회원 자격을 박탈하도록 조치를 취하는 것이다.

왕위 계승의 향방은

가장 큰 관심은 태국 왕실의 미래, 라마 10세가 누가 될 것인지다. 푸미폰 국왕 슬하에는 4명의 자식이 있는데, 승계가 가장 유력한 인물은 와찌랄롱꼰(64) 왕세자다.

국왕 부재 상황에는 프렘 틴술라논다 추밀원장이 섭정체제를 유지한다. 태국 임시 헌법 23조에 따르면 왕위 계승자가 지명될 때까지 추밀원장이 섭정을 하고 태국 과도 의회인 국가입법회의NLA가 후계자를 새로운 국왕으로 추대하면 추밀원장의 섭정 임무는 종료된다.

쁘라윳 총리는 푸미폰 국왕의 서거 직후 후계 절차를 진행하기로 했다. 또한 지난 1972년 국왕이 왕세자를 후계자로 지명했다는 사실을 NLA에 통보했다.

2007년 개정된 태국 헌법에 따르면 왕위 계승은 왕실법을 따른다. 1924년, 입헌 군주제 도입 이전에 제정된 왕실법은 국왕만이 후계자를 지명할 수 있다.

다만 1974년 개헌 당시 추가된 왕위 계승 관련 규정에는 공주도 국왕의 정치 자문단인 추밀원의 추천과 의회 승인 절차를 거쳐 왕위 승계자가 될 수 있다는 조항이 있다. 하지만 이 규정은 왕세자나 명백한 후계자가 없을

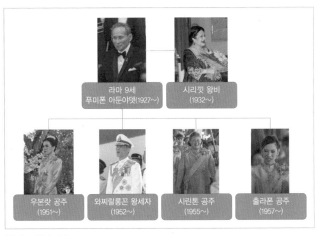

현 태국 왕실 가계도

경우에만 적용된다.

와찌랄롱꼰 왕세자는 애도 기간을 고려, 추대 절차를 미루고 싶다는 견해를 내비치기도 했으나 그가 왕관을 쓴 것은 부친인 라마 9세 서거 50여 일 후인 12월 1일 의회의 승인을 받은 직후였다.

하나뿐인 왕자, 사랑받는 공주들

푸미폰 국왕은 1950년 시리낏 왕비와 결혼한 이후 슬하에 1남 3녀를 낳았다. 장녀인 우본랏 라차깐야 공주는 푸미폰 국왕이 공부하던 스위스 로 잔에서 태어났으며 부왕과 함께 요트대회에 나가기도 했다. 미국 매사추세츠 공대(MIT)에서 수학과 학사를, 캘리포니아 주립대 로스앤젤레스 캠퍼스(UCLA)에서 공공 보건 석사학위를 취득한 수재다. 2008년엔 영화 제작에도 참여했는데, 〈기적이 일어나는 곳Where The Miracle Happens〉란 작품에서 주연을 맡기도 했다. 1남 2녀의 자녀를 두었으나, 지난 2004년 아들 푸

미 옌센을 쓰나미로 잃는 아픔을 겪었다.[37]

장남인 마하 와찌랄롱꼰 왕세자는 왕위 계승 1순위다. 1972년 왕세자로 책봉된 이후 젊은 시절부터 태국 국가 방위에 앞장섰다. 호주 캔버라의 왕립국방대학을 졸업했고, 1978년에는 태국 왕립 육군지휘참모대학을 졸업했다.

현재는 왕립태국육군의 장군이며 왕립태국해군 제독이자 왕립태국공군 사령관이다. 태국 공군의 F-16전투기, 보잉 737기HS-HRH, HS-CMV 등의 조종사로도 이름을 올리고 있다.[38]

푸미폰 국왕이 나이가 든 후에는 공식 행사에 와찌랄롱꼰 왕세자가 대신 모습을 드러내는 경우가 많다. 2015년 8월에는 어머니 시리낏 왕비의 83번째 생일을 맞아 열린 '엄마를 위해 자전거를' 행사에서 자전거를 타기도 했다.

마하 차끄리 시린톤 공주는 푸미폰 국왕의 국가 개발 계획인 '로열 프로젝트' 실현에 가장 열심이다. 10대 때부터 푸미폰 국왕을 따라다니며 수자원 개발 등 각종 프로젝트에 참여했다. 골든 주빌리 네트워크와 사이자이 재단 등을 운영하고 있다.[39] 1980년부터 출라쩜끌라오 왕립군사학교에서 역사학을 가르쳤다. 이달 말 육군 대장으로 전역한다.

태국 국민들은 시린톤 공주를 '쁘라텝'이라고 부른다. '천사 공주님'이란 의미다.

---

37. https://en.wikipedia.org/wiki/Ubolratana_Rajakanya
38. https://en.wikipedia.org/wiki/Vajiralongkorn
39. http://royalprojectthailand.com
    http://www.sirindhorn.net/

(왼쪽부터)우본랏 공주, 와찌랄롱꼰 왕세자, 시린톤 공주, 출라폰 공주

막내 출라폰 왈라일락(58) 공주는 카셋삭 대학에서 유기화학을 전공한 과학자로 마히돈대학 객원교수다. 출라폰 연구소 소장으로 1986년 유네스코 알베르트 아인슈타인 메달을 받기도 했다.

굴곡의 결혼사

푸미폰 국왕 자녀들의 결혼생활은 그리 순탄치는 않았다.

우본랏 공주는 1972년 MIT 유학 시절 왕실의 반대에도 피터 라드 옌센과 결혼했고, 왕실 가족으로서의 지위를 뺏겼다. 반대를 무릅쓴 결혼이었으나, 1998년 이혼했다.

와찌랄롱꼰 왕세자는 3번 결혼했으나 3번 모두 이혼했다. 슬하엔 5남 3녀를 뒀다.

출라폰 공주 역시 태국 공군 조종사와 결혼했으나 왕실 법도에 따라 왕족 지위를 잃고 '짜오파' 신분만 유지했다. 역시 1996년 이혼했다.

4명의 자녀 가운데 시린톤 공주만은 결혼하지 않고 줄곧 미혼이다.

국기	개요	
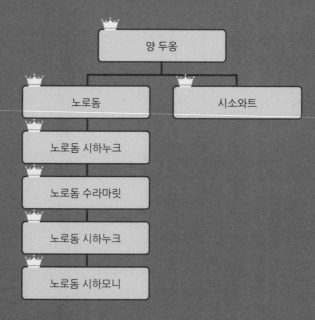	국왕	노로돔 시하모니
	왕가명	노로돔
	수도	프놈펜
왕실 문장	면적	18만 1,035km^2
	인구	약 1,546만 명
	1인당 GDP	1,140달러
	언어	크메르어
	주요 종교	남방불교

: 계보도

양 두옹
├── 노로돔
│   └── 노로돔 시하누크
│   └── 노로돔 수라마릿
│   └── 노로돔 시하누크
│   └── 노로돔 시하모니
└── 시소와트

캄보디아

힘없는 왕들의 절대 권력을 위한 도전과 좌절

근현대 캄보디아 왕실의 역사는 권력을 향한 도전과 좌절의 연속이었다. 열강과 이념, 주변국 사이에서 절대 권력을 향한 끊임없는 줄타기를 시도했지만, 남은 것은 이름뿐인 왕관이었다.

독립을 이끈 왕실

20세기 캄보디아 왕조의 백미는 시소와트 모니봉이다.

그는 선왕들과 달리 프랑스 보호령 아래 꼭두각시 왕 노릇에서 벗어나는 데 일생을 바쳤다. 프랑스를 몰아내기 위해 1930년대 지식인들 사이에서 인기가 높았던 인도차이나공산당과 손을 잡기도 했고, 한때 프랑스를 몰아낸 일본을 지지하기도 했다. 제대로 된 국가에서 진정한 왕이 되고자

제대로 된 국가의 진정한 왕이 되고 싶었던 시소와
트 모니봉

한 꿈 때문이었다.

하지만 1941년 캄보디아를 점령한 일본에 의해 그는 강제 퇴위당한다. 그의 후임은 18세의 어린 외손자인 노로돔 시아누크였다. 하지만 제2차 세계대전이 끝난 후 프랑스는 캄보디아에 대한 지배권을 다시 확립했다. 시아누크도 외조부처럼 다시 프랑스로부터의 독립을 열렬히 추구했다. 그는 의회민주주의 도입을 주도해 1947년에 헌법을 공포하고 1952년엔 내각을 해산해 스스로 총리가 됐다. 캄보디아는 1953년 프랑스로부터 경찰권, 군사권을 회복해 마침내 완전한 독립을 이룬다.

권력에의 도전

1955년 시아누크는 모험을 강행했다. 총선을 위해 아버지인 수라마릿에게 왕위를 양위하고 정당인 사회주의인민회를 창당했다. 세습 왕관을 버리고 선거를 택한 모험이었다. 이 선거에서 시아누크는 압승을 거둬 총리가 된다.

1960년 아버지이자 국왕인 수라마릿은 건강 악화로 1960년 서거했지만 그럼에도 시아누크는 왕위에 오르는 대신 국가원수라는 새로운 직책을 만들어 취임한다. 국민들의 지지를 유지하기 위해서다. 하지만 이후 그는 좌익과 우익 사이에서 아슬아슬한 곡예를 해야만 했다.

1960년대 베트남전쟁은 캄보디아를 쿠데타의 소용돌이로 몰아넣었다. 시아누크는 '호찌민루트'를 개방해 북베트남을 돕고 미국의 북베트남 폭격을 비난하며 단교를 선언했다. 시소와트 모니봉 때부터 왕실은 공산당에 심취했고, 그 때문에 프랑스를 몰아낸 베트남의 호찌민과 가까웠다.

하지만 북베트남을 지원하던 캄보디아를 눈엣가시처럼 여겼던 미국은 1970년 우파 친미세력인 론 놀Lon Nol 장군을 지원해 쿠데타를 일으킨다. 중국으로 몸을 피한 시아누크는 1975년 미국이 베트남에서 철수하고 론 놀이 하와이로 망명하자 프놈펜에 다시 입성한다.

하지만 캄보디아의 급진적인 좌익 무장단체인 크메르루주의 폴 포트는, 시아누크 옹립을 통해 정권을 유지하려 했을 뿐 그에게 실권을 주지 않는다. '킬링필드'로 불리는 폴 포트의 대규모 반대파 숙청 때에도 시아누크는 무력했다. 크메르루주는 그의 국가 수반 직위를 박탈하고 감금하기에 이른다.

38년 만에 찾은 왕위

1978년 소련의 지원을 받던 베트남과 중국을 등에 업은 캄보디아가 충돌한다. 하지만 베트남전쟁으로 실전 경험이 풍부했던 베트남이 승리한다. 1979년 캄보디아에는 친베트남계 캄푸치아인민공화국이 수립되고 폴 포트 등 크메르루주는 북부지역으로 도망쳤다. 시아누크 왕은 다시 중국으로 피신한다.

이어 캄보디아, 베트남, 중국까지 개입한 내전이 10여 년간 이어졌고 UN 주도로 1991년 도쿄에서 회의가 열려 내전이 종식된다. 베트남전쟁

38년 만에 다시 왕위에 오른 시아누크 국왕

당시 북베트남을 지원했었고, 중국과도 가까웠던 덕분에 캄보디아의 정체政體는 입헌군주제로 결정된다.

1993년 총선거에서 펑신페크 당 당수였던 시아누크의 차남 라나리드가 제1총리에 올랐고, 친베트남계 인민당의 훈 센이 제2총리가 됐다. 이 해 9월 시아누크는 국왕에 즉위해 다시 입헌군주국으로 돌아왔다. 1955년 이후 38년 만에 다시 왕위에 올랐지만 1970년에 잃은 실권을 되찾지는 못한 셈이다.

조용한 국왕, 시하모니

시아누크는 1993년부터 10년 넘게 왕위에 앉아 있었지만 실권과는 거리가 멀었다. 2004년 그의 아들인 노로돔 시하모니가 양위를 받아 왕관을 썼지만, 그 역시 '조용한 국왕'이라고 불릴 정도로 움직임이 없었다.

시아누크의 아들이자 현 국왕의 이복형인 라나리드 왕자도 1997년 훈 센의 쿠데타로 해외로 도피하면서 왕실과 권력의 관계는 완전히 단절됐다.

시하모니 왕은 독신인 데다 아이가 없다. 그는 정치보다는 무용과 영화 등 문화에 관심이 더 많다. 어린 시절을 프랑스와 체코에서 보냈고 북한에서 영화를 공부한 것으로 전해졌다. 1981년엔 프랑스 파리의 마리우스 프티파 예술학교, 가브리엘 포레 예술학교 등에서 발레 교수를 지냈고, 영화감독으로도 일했다. 1993년엔 유네스코 캄보디아 대사를 역임하기

도 했다.[40]

즉위한 지 10여 년이 지났지만 그의 소식은 드문드문 전해질 뿐이다. 《프놈펜포스트》는 왕의 측근들을 인용해, "독서와 명상으로 대부분의 시간을 보내는 그는 유럽산 초콜릿을 구해 먹으며, 식사도 항상 혼자서만 하고 종교 행사에도 경호원만 대동한 채 혼자 참석한다"고 전했다.[41]

상징적인 존재로 남게 된 시하모니 국왕

시소와트 모니봉과 시아누크가 100여 년 가까이 독립을 통해 절대 권력을 추구했지만, 독립된 캄보디아에서의 국왕은 결국 상징적인 존재로 남게 된 셈이다.

현대사의 증인, 시아누크 국왕의 최후

시아누크 국왕은 프랑스로부터의 독립, 친미 쿠데타, 공산 구데타, 내전, 독립 등 1941년부터 1993년까지, 캄보디아의 격동 50년의 산증인이다. 하지만 크메르루주의 킬링필드도 막지 못했고, 내부의 권력 다툼에서도 늘

42. 시하모니 국왕 홈페이지, http://norodomsihamoni.org/en/biography
43. 《프놈펜포스트》, 2014, http://www.phnompenhpost.com/national/reign-quiet-king

패해 좋은 평가보다는 비판이 많았다.

특히 건강상의 이유로 2004년 아들 시하모니에게 왕위를 물려준 이후 2012년 90세의 나이로 세상을 떠날 때까지 8년은 그에게 죽음을 기다리는 시간일 뿐이었다. 이는 2004년 퇴위 후 자신의 웹사이트에 "살아 있어서 유감이다"란 내용의 성명을 내놓은 데서도 드러난다. 늙은 왕의 신세 한탄처럼 들리지만, '절대권력'이라는 삶의 목표를 잃은 국왕의 진심이 느껴진다.

영국 BBC 방송은 그가 "많은 사람들이 가능하면 내가 빨리 죽기를 원하고 있지만, 아직 죽지 않아 '겸허한 사과humble apologies'를 표할 뿐"이라며 "지금 이 순간까지는 신과 부처님께서 나를 내세로 보내려고 결정하지는 않으셨다"고 말했다고 전했다.[42]

이 메시지는 그의 공식 전기작가인 줄리오 젤드레스의 요청으로 공개됐다.

시아누크 왕은 2012년 중국 베이징에서 심장마비로 서거했다. 중국은 그가 오랜 기간 망명하던 곳이다. 중국에게 시아누크 국왕은 인도차이나

시아누크 국왕의 장례식

44. http://news.bbc.co.uk/2/hi/asia-pacific/4489249.stm

반도에서의 영향력을 가져다줄 가교였기 때문이다. 지금도 중국은 인도차이나 반도와의 경제 협력을 통해 영향력 확대를 꾀하고 있다. 특히 중국 입장에서는 영토분쟁 중인 베트남을 견제하기 위해 캄보디아와의 관계가 중요하다.

한편 불교식으로 치러진 시아누크의 장례식에는 101발의 포성이 울렸으며 공무원만 1만 5,000여 명이 동원됐다. 그의 운구에는 수많은 국민들이 함께해, 아직 남은 왕실의 권위를 실감케 했다.

캄보디아 왕조, 2,000년의 역사

캄보디아 왕조의 역사는 세계사에서 별다른 관심을 끌지 못했다. 하지만 캄보디아 왕조는 동남아시아에서 가장 오래됐으며, 그 역사는 무려 2,000년에 가깝다.

캄보디아 역사에서 처음으로 등장한 왕조는 1세기 부남푸난, 扶南이다. 정확한 연대는 알 수 없으나 메콩강 하류 지역에서 탄생한 부남 왕국은 86년부터 550년까지 번성했다.

부남 왕조는 서쪽에서 온 인도인과 현지 부족의 결합으로 태어난 것으로 추정되며, 이는 부남의 설화에서 확인할 수 있다. 부남은 토지의 신 나가Naga의 딸 소마Soma가 지배하고 있었는데 서쪽에서 '카운딘야Koundinya'가 왔다. 그는 인도나 말레이반도에서 온 브라만(힌두교 최상위 신분)으로 여겨진다.

카운딘야는 꿈속에서 신인의 계시를 받은 후 활을 얻고 동쪽으로 무리를 이끌어 부남에 도달해 소마의 군대와 전투를 벌였다. 카운딘야는 소마의 배를 활로 쏘아 맞췄고, 항복한 소마를 아내로 맞이해 부남국을 세웠다. 이후 인도계 왕이 부남국을 다스린 것으로 전해진다.

이어 들어선 왕조는 진랍이다. 인도계가 아닌 크메르인에 의해 세워진, 캄보디아의 기원으로 여겨지는 왕조다. 진랍은 7세기 부남을 멸망시키고 병합했지만 자야바르만 1세 이후 남북으로 분열되어 쇠퇴한다.

이들을 다시 통합한 것이 자야바르만 2세다. 그는 통일 이후 크메르 제국을 세웠고 제국의 역사는 약 600여 년간 이어졌다. 크메르 제국은 캄보디아에서 가장 긴 역사를 가진 왕조로 기록되고 있다.

캄보디아 역사상 최고의 건축물로 꼽히는 앙코르와트도 크메르 왕조 시대에 세워졌다. 12세기 초, 수리야바르만 2세는 태국, 베트남, 말레이반도 등 각지로 세력을 넓히며 위세를 과시한 국왕으로, 자신의 무덤인 앙코르와트뿐 아니라 트마논, 반띠아이 쌈레 등의 힌두 사원을 남겼다.

크메르 왕조는 13세기 원나라의 침공과 시암(태국)의 공격으로 쇠퇴했다. 이어 바롬 레아체아 2세가 수도를 체드목크 방면으로 옮기고 캄보디아 왕국이 시작됐다. 그러나 18세기 프랑스 식민지 시대가 오기 전까지 프놈펜(체드목크) 시대와 롱벡 시대, 이어지는 스레이산토르 시대, 오우동 시대는 시암과 베트남의 사이에서 정정불안에 휩싸여 이른바 암흑시대로 여겨졌다.

캄보디아는 1863년부터 1953년까지 프랑스 식민 지배를 받았지만 다행히 왕권을 인정받아 명맥을 유지할 수 있게 됐다. 쿠데타와 내전으로 인해 잠시 크메르 공화국과 민주캄푸치아, 삼린정권이 들어서기도 했으나 노로

캄보디아 왕실 가족

돔 시아누크 국왕이 다시 왕위에 복귀해 입헌군주국으로 남아 있다. 왕위에 오를 수 있는 것은 앙둥, 노로돔, 시소와트의 세 개 가문뿐이다. 캄보디아는 30세 이상의 남자에게만 왕위를 양위할 수 있다.

2004년 퇴위한 노로돔 시아누크 왕에게는 이복동생 한 명과 다섯 명의 아들이 있었는데, 당시 시하모니 왕자를 제외하고는 모두 쿠데타와 암살 시도 등으로 훈 센 정권의 견제를 받고 있었다. 정치에 깊이 관여하지 않고 예술을 사랑하는 시하모니 국왕이 정권으로서는 최적의 선택지였던 셈이다.

슬픈 역사의 위대한 건축물, 앙코르와트

캄보디아를 세계에 알린 두 가지가 있다. 킬링필드와 앙코르와트다. 공교롭게도 두 가지 모두 캄보디아의 슬픈 역사를 상징한다.

앙코르와트가 지어지기 시작한 것은 크메르 제국 자야바르만 2세 때다. 그는 앙코르 톰 남문 왼편에 있는 프놈 쿨렌Phnom Kulen 언덕에 왕조를 건설하고, 나라 이름을 캄부자Kambuja로 정한다. 훗날 캄부자는 캄푸치아 Kampuchea가 되고 캄보디아로 이어진다.

앙코르와트의 징문은 서쪽을 향히고 있다. 해가 지는 서쪽에 사후 세계가 있다는 힌두교 교리에 의한 것으로 왕의 사후세계를 위한 사원임을 짐작케 한다. 강력한 왕권의 상징물인 셈이다.

앙코르와트가 완공된 것은 캄보디아 역사의 황금기였던 12세기 초 크메르 제국의 수리야바르만 2세 때다. 앙코르와트는 도성으로서 창건됐고, 축조된 이래 모든 종교 활동의 중심지 역할을 도맡았다.

하지만 1431년 태국의 시암족인 아유타야 왕조가 앙코르를 함락시킨 이후부터는 지금처럼 앙코르Angkor라고 불리기 시작했다. 제국의 수도 기능 또한 상실하고 소승 불교 사원으로 용도가 변경된다. 16세기 이후에는 관리도 제대로 이뤄지지 않았지만 그나마 깊고 넓은 해자가 정글의 침입을 막아줘서 파괴는 최소화됐다.

'앙코르Angkor'는 고대 산스크리트어로 '도시'라는 의미다. '와트Wat'는 크메르어로 '사원'이라는 뜻이다. 앙코르와트는 '사원의 도시'가 된다.

공교롭게도 앙코르와트가 쇠퇴하면서 캄보디아의 역사도 쇠퇴했다. 크메르 제국이 앙코르와트를 빼앗긴 후 인도차이나 반도의 패권은 시암(태국)과 버마(미얀마) 등으로 넘어가고 19세기는 서구 열강의 식민지로 전락했다.

프랑스는 1907년부터 1970년까지 숲을 제거하고, 제단을 수리하고, 배수로를 설치하여 앙코르와트의 붕괴를 막았다.

하지만 앙코르와트는 크메르루주와 베트남과의 전쟁 기간 동안 심각하게 훼손됐다. 1982년 집계 기준으로 앙코르와트의 중요 유물 30점 이상이

복원과 수리 작업이 재개된 앙코르와트

없어졌고, 전체 유적의 70퍼센트가 복원 불능 상태로 파괴됐으며, 사원 근처 왕궁의 유물 약 1,000점이 도난 맞거나 파괴됐다. 캄보디아가 슬픈 역사를 맞이할 때마다 앙코르와트도 수난을 겪은 셈이다.

1993년 이후 앙코르와트의 복원과 수리 작업이 재개됐고, 프랑스와 일본, 유네스코가 국제위원회를 만들어 보존에 힘쓰고 있다.

chapter

3

중동
·
아프리카

Royal Families of the World

국기	개요	
	국왕	살만 빈 압둘아지즈 알 사우드
	왕가명	사우드
	수도	리야드
왕실 문장	면적	214만 9,000km²
	인구	약 3,077만 명
	1인당 GDP	2만 5,400달러
	언어	아랍어
	주요 종교	이슬람교(수니파)

: **계보도**

압둘 아지즈

사우드

파이잘

칼리드

파드

압둘라

살만

사우디아라비아

엄격한 이슬람 규율이 지배하는 나라

사우디아라비아 국기는 녹색 바탕에 글자들과 칼로 구성된다. 글의 내용은 이슬람교의 신앙 고백인 '샤하다Shahdah'로 "알라 이외에 다른 신은 없으며 무함마드는 알라의 사도다"라는 뜻이다. 그 아래 칼은 알라와 무함바드의 뜻을 관철시키는 수단을 상징한다. 순수 이슬람으로 이단을 용서하지 않는 건국 철학을 담고 있다.

2002년 국립경찰은 여중생들의 복장이 불량하다는 이유로 화마에 뒤덮인 학생들을 구조하지 않았다.[1] 외간 남자와 채팅을 하던 10대 소녀가 아버지에 의해 살해됐을 때도 대중들은 아버지의 편을 들었다. 코란에 입각

---

1. "Saudi Police 'stopped' Fire Rescue", BBC, 2002.02.15., http://news.bbc.co.uk/2/hi/middle_east/1874471.stm

한 엄격한 이슬람 규율, '와하비즘Wahhabism'이 지배하는 나라가 사우디아라비아다.

종교의 나라인 만큼 사우니아라비아는 사실상 제정일치로 이뤄진 건국 역사를 갖고 있다. 그래서 국가國歌도 〈군주를 찬양하라〉다. 18세기 사우디 반도 중부 네즈드 지방을 지배하던 사우드 가문의 지도자였던 무함마드 빈 이븐 사우드는 철저한 이슬람 근본주의자였다. 그는 와하비즘을 창시한 무함마드 빈 압델 와하브가 1744년 자신이 통치하고 있는 알 디리야로 거처를 옮기자 가르침을 청한다. 그리고 와하비즘에 입각한 국가를 통치하겠다는 협정을 맺는다.

압델 와하브가 창시한 와하비즘은 순수한 이슬람을 따르지 않은 무슬림은 이단자로 분류하고 이들에 대한 정복을 정당화했다. 사우드 가문에 따르지 않는 다른 반도의 부족들을 무력으로 통합할 명분을 확보한 셈이다.

그러나 와하비즘으로 무장했던 사우드 가문의 반도 통일이 쉬웠던 것은 아니다. 왕국 초대 국왕인 압둘 아지즈 이븐 사우드(이븐 사우드 국왕)가 태어난 1880년 당시 사우드 가문은 반도 북쪽을 지배하는 알 라쉬드 가문과 패권을 두고 맞섰다. 하지만 이븐 사우드 국왕의 아버지 압둘라흐만 빈 파이살 빈 투르키는 알 라쉬드 가문에 패했다.

이후 사우드 가문은 10여 년간 쿠웨이트 등에 몸을 의탁하며 난민과 다름 없는 처지에 있게 된다.

하지만 1901년 스무 살 청년이던 이븐 사우드가 와하비즘으로 무장한 불과 200여 명의 '특공대'로 라쉬드 가문이 장악한 리야드를 탈환하는 기적을 이루면서 전세는 역전됐다. 반도 곳곳의 부족 중 신앙심으로 충만한 이들이 사우드 가문을 따르기 시작했고, 사우드 가문은 빠른 속도로 힘을 되찾았다.

반면 사우드 가문에 밀린 알 라쉬
드 가문은 오스만 제국과 손을 잡았
다. 사우드 가문은 이에 대항하기 위
해 오스만을 견제하고 싶던 영국과 힘
을 합쳤다. 영국은 사우드 가문을 보호
해주고, 사우드 가문은 오스만과 싸우
기로 약속한 것이 1915년의 다린 조약
이다. 유명한 영화 〈아라비아 로렌스〉
의 배경이 바로 사우드와 오스만의 중
동전쟁이다.

아지즈 빈 달 사우드 초대 사우디아라비아
국왕

다린 조약은 이후 사우디아라비아를 영국과 미국 등 서방세계와 연결시
키는 중요한 전환점이 된다. 이븐 사우드는 마오쩌둥을 연상케 하는 게릴
라 전술과 헌신적인 신앙심으로 똘똘 뭉친 특공대 '이콴'에 힘입어 1927
년 영국에서 독립하고, 1931년 아라비아 반도를 통일했다. 와하비 포교단
을 반도 구석구석까지 보내 사상적 통일까지 이뤄낸 이븐 사우드는 1932
년 9월 사우디아라비아 왕국의 건국을 공식 선포했다.

부와 권력을 모두 움켜쥔 최강의 왕실

사우디아라비아 초대 국왕인 압둘 아지즈 이븐 사우드는 오늘날 세계

퀸시 협정 체결 현장

에서 가장 강력한 왕국을 세운 주인공이다. 그와 사우디 왕국을 세계 무대
에 우뚝 세워준 무기는 바로 석유였다. 이븐 사우드 국왕이 아라비아 반
도를 처음 통일했을 때만 해도 수입이라고는 메카 성지순례뿐이었다. 하
지만 1933년 5월 미국의 스탠더드 오일 오브 캘리포니아SoCal, Standard Oil of
California사와 양해 각서를 체결해 본격적인 원유 채굴에 들어가면서 '검은
황금의 제국' 건설이 시작된다.

석유 무기화의 다섯 단계

석유 무기화의 1단계는 개발이다. 사우디 정부는 SoCal과 현재 국영석
유회사인 아람코Arabian American Oil Company의 전신인 캘리포니아-아라비안
스탠더드 오일California-Arabian Standard Oil Co.을 합작 형태로 설립한다. 하지
만 SoCal은 석유 시추에 실패하고 미국의 텍사코Texas Oil Company가 이 합작
회사의 지분 50퍼센트를 인수했다. 아람코라는 이름은 1944년에 붙여진
다. 1945년 이븐 사우드는 사우디아라비아 석유에 대한 미국의 독점권을

인정하고, 무기 수입과 경제적·상업적·금융적 지원을 얻는 '퀸시 협정'을 체결했다. 석유 탐사권을 발판으로 알 사우드는 국가 수입 규모를 1920년 700만 달러에서 1939년 2,000만 달러로 끌어올리며 왕국의 토대를 튼튼히 할 수 있었다.

하지만 이븐 사우드의 석유 무기화는, 2단계 공유로 발전한다. 1949년 아람코가 사우디아라비아에 내는 로열티보다 텍사코가 미국에 내는 세금이 많다는 보고서를 빌미로 석유 국유화를 선포했다. 당시 트루먼 미국 대통령은 부랴부랴 이븐 사우드 국왕을 설득해 50 대 50으로 수익을 배분하는 협상안을 마련했다. 미국이 사우디아라비아 원유에 의존할 수밖에 없게 된 처지를 교묘히 활용한 전술이 통한 셈이다.[2]

3단계는 2대 사우드 빈 국왕 때 석유수출국기구OPEC에 참여해 조정력을 얻으면서 이뤄진다. OPEC의 출발은 1960년 9월 이라크 정부 초청으로 이뤄진 이란, 이라크, 사우디아라비아, 쿠웨이트, 베네수엘라 등 5대 석유 수출국의 바그다드 회의다. 일종의 국제 석유 카르텔인 셈이다. 세계 최대 산유국인 사우디아라비아는 OPEC을 통해 서방과의 협상력을 높였고, OPEC 내 최대 산유국 지위를 이용해 산유국들의 핵심 멤버로서의 영향력을 키울 수 있었다.

석유 무기화의 4단계는 3대 국왕인 파이잘 빈 국왕 때 힘의 역전이다. 1973년 아랍과 이스라엘 사이의 욤 키푸르Yom Kippur 전쟁과 뒤이은 1차 오일쇼크를 활용해 사우디아라비아 정부는 미국 정부를 압박하고 아람코 지분을 60퍼센트까지 높인다. 50 대 50의 균형을 깨뜨리고 40년 만에 서방

---

2. "The Secret US Mission to Heal Saudi King", BBC. 2015.01.08., www.bbc.com/news/magazine-32965230

에 대해 자국 원유의 주도권을 확보한 셈이다. 그리고 이때부터 원유의 거래 화폐는 미국 달러로 통일된다.

4내 칼리느 빈 국왕 때인 1980년 사우디아라비아 정부는 아람코를 완전 인수하면서 5단계 국영화, 무기화가 완료된다.

석유는 곧 힘이다

미국에서 셰일가스가 개발되기 전만 해도 사우디아라비아는 전 세계 석유 매장량의 약 25퍼센트를 차지하는 것으로 추정됐다. 이 석유는 국가, 즉 왕실의 소유다. 글로벌 금융위기 전까지 신흥국 경제 성장이 원유를 비롯한 '원자재 수퍼사이클'을 일으키면서 석유는 곧 힘이 됐고 사우디 왕실의 부富도 천정부지로 치솟았다. 미국 달러화의 기축 통화 지위가 공고해진 덕분에 환율 변동에도 끄떡 없는 경제체제를 이뤄냈다. 사우디아라비아는 오일머니petrodollar로 국제금융시장은 물론 자산시장, 무기시장 등에서 큰손으로 부각되며 막강한 영향력을 구축하게 된다.

국제 유가가 한창 치솟던 2002년 국립경찰이 복장 불량을 이유로 여중생 세 명의 죽음을 방관했을 당시 이를 공식적으로 애도하거나 비판하는 국가는 없었다.

애틋한 사랑의 주인공 수다이리 왕비

보통의 왕실은 장자 상속이 원칙이다. 그런데 사우디아라비아 왕실은 형제 상속이 여섯 명째 이어지고 있다. 그리 오래된 전통도 아니다. 1953년 이븐 사우드 초대 국왕의 유언 때문이다. 배경에는 사우디아라비아의 슈퍼우먼인 수다이리 왕비가 있다.

수다이리 세븐의 탄생

사우디아라비아 왕실은 코란에 따라 일부다처제를 허용한다. 이븐 사우드 초대 국왕은 총 열여섯 명의 여성과 결혼했고, 45명의 아들을 슬하에 두었다. 현재 생존한 아들만도 36명이다. 장자 상속은 부자간 유대가 바탕이다. 형제 상속이면 형제간 결속이 강해질 수밖에 없다. 45명의 형제 가운데 가장 큰 세력이 수다이리 왕비가 낳은 일곱 명의 아들, 즉 '수다이리 세븐'이다. 하사 빈트 아메드 알 수다이리는 이븐 사우드 국왕의 여덟 번째 부인이자 그가 가장 사랑한 아내로 알려져 있다. 7남 4녀로 가장 많은 자녀를 낳은 것도 이를 증명한다.

미모와 지성을 겸비한 수다이리

사우디아라비아에서 수다이리는 미모와 지성, 현명함을 두루 갖춰, 서방 인물로 비교하면 '철의 여인'이라 불리던 영국의 마거릿 대처 전 수상과 테레사 수녀를 합친 것과 같다는 평가를 받고 있다.[3] 수다이리는 사우디아라비아 수도 리야드 인근 토호 가문의 딸이다. 이븐 사우드 국왕의 모친과 같은 가문으로 수다이리의 부친인 아마드 빈 무함마드 알 수다이리는 이븐

---

3. Volker Perthes, "Arab Elites: Negotiating the Politics of Change", 2004, Lynne Reiner; Akhil Shah, "Future Challenges to Monarchical Rule in Saudi Arabia". *Lights: the Messa Journal*: Chicago University Press, 2015

사우드 국왕의 든든한 조력자였다. 그래서 수다이리의 형제들도 모두 사우디아라비아 정계에서 지위가 높다.

왕과의 두 번의 결혼

그런데 수다이리는 이븐 사우드와 두 번이나 결혼했다. 1913년 13세의 나이로 당시 30세가 넘은 이븐 사우드와 결혼했던 수다이리는 결혼생활을 깨고 이븐 사우드의 이복형제인 무함마드 압둘 라흐만과 재혼했다. 라흐만은 수다이리와 동갑이었다. 둘 사이에서 아들 압둘라 빈 무함마드도 태어났다.[4] 그런데 1920년 이븐 사우드는 이복동생을 이혼시키고 수다이리와 재혼한다.[5] 수다이리가 여덟 번째 부인이었던 탓에 그의 아들들에게 왕위가 돌아올 때까지는 적지 않은 세월이 필요했다.

수다이리 세븐은 검은 황금의 주인

수다이리 세븐은 4대 국왕인 칼리드의 1975년 즉위를 도우면서 권력에 다가갔고, 5대 국왕에는 수다이리의 장남인 파드가 오른다. 파드 국왕은 1982년부터 2005년까지 23년간 집권하며 수다이리 세븐의 권력을 철옹성으로 만든다. 2005년 6대 국왕에 수다이리 소생이 아닌 압둘라 빈 압둘아지즈 이븐 사우드 국왕이 파드 국왕 다음으로 왕위에 올랐을 때 외신은 수다이리 세븐의 세력이 약해졌다는 보도를 쏟아냈다. 하지만 수다이리 세븐은 압둘라 국왕 때도 오랫동안 유지하던 국방부 장관, 내무부 장관직을 유지하며 권력을 지켰다. 압둘라 국왕은 이븐 사우드 국왕의 막내아

---

4. Joseph A. Kechichian, "Succession in Saudi Arabia", Palgrave, 2001

5. Volker Perthes, ibid

세계의 왕실

들이지만 수다이리 세븐이 아닌 무크린 왕자를 계승 서열 2위인 제2부총리에 지명하기도 했다. 하지만 2015년 초 압둘라 국왕에 이어 왕위에 오른 것은 수다이리 세븐의 다섯째 살만 국왕이었다. 현재 살만 국왕의 후계자는 무함마드 빈 나예프 왕자다. 수다이리 세븐의 둘째인 나예프 왕자의 차남이다. 그가 왕위를 잇게 되면 사우디아라비아는 1953년 이후 처음으로 세대 교체가 이뤄지게 된다. 물론 수다이리 세븐의 피가 계속 아라비아 반도 '검은 황금'의 주인이다.

바람 잘 날 없는 스캔들 왕실

엄격한 와하비즘의 사우디아라비아 왕국이지만, 일부다처제로 왕실 가족의 숫자가 급증하다 보니 〈로미오와 줄리엣〉과 같은 이야기에서부터 각종 스캔들이 끊이지 않는다.

불륜죄로 처형된 공주

사우디아라비아판 〈로미오와 줄리엣〉의 주인공은 미샤 알 빈트 파드 알 사우드 공주다. 4대 칼리드 국왕의 형인 무함마드 왕자의 손녀다. 사촌과의 결혼생활에 만족하지 못했던 미샤 공주는 레바논 유학길에 올라 사우디아라비아 외교관의 아들 카할레드와 불륜에 빠지게 됐다. 비밀리에 관계를 유지하던 이들은 1977년 도주를 결심하고 나라를 떠나려던 찰나 적발됐다. 미샤 공주와 카할레드의 외도를 증명할 사람이 없다는 사실을 안 왕실은 미샤 공주에게 사실을 부정할 것을 종용했다.[6] 하지만 그녀는 카할 레드에 대한 사랑을 부정하지 않고 "나는 불륜을 저질렀다"고 세 번 외쳐 연인이 보는 앞에서 머리에 총을 맞고 처형됐다.

샤리아 법에서는 외도를 시인한 사실을 세 번 이상 밝히거나 불륜 현장을 목격한 남성 증인이 네 명 이상일 경우 불륜죄가 성립한다. 미샤 공주의 죽음에 미국 PBS 공영방송은 애도를 표하며 사우디아라비아 왕실을 비판하는 보도를 냈다. 이에 세계 정유기업인 모빌정유회사는 PBS가 사우디아라비아와의 외교관계를 위협한다며 광고를 철회했다.[7]

연인을 위해 마약 운반책이 된 왕자

연인을 위해 마약 운반책 노릇을 하다 체면을 구긴 일도 있다. 압둘 라흐만 빈 압둘 알 사우드의 양자인 나예프 빈 술탄은 1977년 연인인 콜롬비아인 여성 도리스 만게리에게 마약상을 소개받았다. 콜롬비아와 베네수엘라에서 석유 사업을 벌인 그는 만게리를 도와 자가용 비행기인 보잉 727기로 프랑스 마약상에 코카인을 실어나르는 일을 지속하다가 1999년 프랑스 경찰에 의해 적발됐다. 당시 발견된 코카인은 총 2톤에 달했다고 한다.[8] 하지만 나예프 빈 압둘 아지즈 왕세제(왕위를 이어받을 왕의 아우)가 프랑스 정부를 압박해 나예프 왕자는 사우디아라비아로 돌아간 것으로 알려졌다.

성폭행도 피할 수 없는 스캔들이다. 5대 파드 국왕의 아들인 압둘 아지즈

---

6. PBS, "World" 시리즈에서 보도, 1980.05.12., BBC. "Death of a Princess", 1980.04.09.

7. PBS, "The 'Death of a Princess' Controversy", 2005.04.19.

8. Listverse, "10 Sordid Stories of the Saudi Arabia Royal Family", 2015.06.23., http://listverse.com/2015/06/23/10-sordid-stories-of-the-saudi-royal-family/

빈 파드 왕자는 가장 사랑한 아들인 동시에 사우디아라비아 왕가의 문제아다. 2010년 뉴욕 플라자 호텔의 4층짜리 스위트룸에서 왕실 친척들과 유흥을 즐긴 압둘 아지즈 왕자는 자신의 수행원이 바텐더를 성폭행한 사건이 발생했음에도 불구하고 사과 발표를 하지 않아 비난을 받았다.[9] 중앙아시아방송공사MBC 지분의 50퍼센트를 가지고 있는 그는 자가용 비행기 세 대를 보유하고 20억 달러(약 2조 2,090억 원)가 넘는 부동산을 소유하는 등 사우디아라비아를 대표하는 부호다. 왕자는 낙타 경마시장도 운영하고 있다.

강한 군주, 파드 국왕

사우디아라비아를 건국한 것은 이븐 사우드 국왕이지만, 이른바 수다이리 사우디 왕조의 문을 열고 전성시대를 구가했던 이는 파드 국왕이다. 그는 사우디아라비아 역사상 가장 강력한 왕권을 자랑했던 인물로 평가된다. 칼리드 국왕이 1·2차 석유 파동을 통해 석유 패권을 다졌지만, 초대 국왕 이븐 사우드 때부터 석유를 둘러싼 모든 외교 업무를 담당했던 이는 다름 아닌 파드 국왕이었다.

1962년에야 내무부 장관에 올랐지만, 이미 사우디아라비아의 외교는 그에 의해 좌우되고 있었다. 1963년에는 친동생인 술탄이 국방부 장관을 맡으며 수다이리는 사우디아라비아의 안팎을 모두 장악하게 된다. 헨리 키

---

9. Listverse, ibid

강력한 왕권을 가졌던 파드 국왕

신저 전 외무부 장관은 회고록에서 일찌감치 파드 왕자를 사우디아라비아 왕실의 핵심 인물로 지목했다.[10] 제임스 카리그 전 주미 사우디아라비아 대사도 미 공영방송 PBS 다큐멘터리에서 "파이잘 국왕과 정책 문제를 논하려면 '동생 파드와 논의하라'"고 말했었다고 증언했다.

파드 국왕이 힘만 가진 것은 아니었다. 업적도 컸다. 파드 국왕이 왕세자이자 총리를 겸할 당시 칼리드 왕을 대신해 중동전쟁을 주도했다. 수니파 이슬람 국가들과 협력해 걸프협력기구GCC와 이슬람컨퍼런스기구OIC를 설립한 것 역시 파드 왕세자였다. 사우디아라비아가 중동의 이슬람 종주국의 입지를 공고히 한 것은 파드 국왕의 공이다.

내정에서 파드 국왕의 가장 큰 공은 석유를 수다이리 가문의 통제 아래로 가져온 것이다. 사우디아라비아 석유정책 의사결정기구인 석유위원회

---

10. Joseph A. Kechichian, 2001

세계의 왕실

는 업계 관계자와 왕족, 국왕으로 구성된다. 애초부터 석유부는 사우디아라비아의 종교 지도자 와하브의 후손인 알 앗 셰이크 가문이 파이잘 국왕의 후원으로 장악하고 있다. 파이잘 국왕은 셰이크 가문의 수장이다. 석유부 1대 장관인 타키리도 알 앗 셰이크의 일원이었다.[11] 그런데 파드 국왕은 1986년 석유부 장관이던 셰이크 가문의 아흐메드 자키 야마니를 경질한다.[12] 외교의 달인인 파드 국왕은 야마니를 경질시킨 이후 중재자로서의 지휘를 회복하고 유가를 다시 상승시켰다. 결국 파드 국왕은 셰이크 가문의 석유 권력을 빼앗음으로써 내정, 외교, 국방, 석유 등을 모두 손에 쥘수 있었다.

압둘라 전 국왕의 깨져버린 개혁의 꿈

수다이리 출신이 아니면서 가장 강력한 수다이리 가문의 군주였던 파드 국왕을 이은 압둘라 전 국왕은 사우디아라비아 역사에서 가장 야심이 컸던 인물 가운데 하나다. 파드 국왕의 충실한 후계자였지만, 수다이리를 가장 위협했던 인물이기 때문이다.

---

11. Joseph A. Kechichian; Shara Sabri, "The House of Saud in Commerce: A Study of Royal Entrepreneurship in Saudi Arabia", IS Publications, 2001

12. Joseph A. Kechichian, 2001

가문의 힘은 약했지만 개인의 처세에 능했던 압둘라

압둘라 전 국왕의 모친은 사우드 왕족과 국가 통합 과정에서 가장 오랜 시간 동안 갈등했던 라쉬드 가문의 일원 겸 샴마르 씨족장의 딸이었다. 그런데 제2대 사우드 국왕은, 1962년 압둘라를 국가방위군 총사령관에 임명한다. 국가방위군은 국방부 장관이 이끄는 사우디군과 내무부 장관이 지휘하는 국내안전보장국과 함께 사우디아라비아 군부를 형성하는 부대이다. 국가방위군은 왕실 직속 정예부대다. 왕실 보호와 쿠데타에 대응하는 임무를 맡고 있어 창설 초기부터 막강한 권력을 자랑했다.

그의 국가방위군 총사령관 지위는 왕이 된 후인 2010년까지도 계속된다. 수다이리 가문을 제외하면 사우디아라비아 왕자들 가운데 가장 오래 군권을 쥔 게 압둘라다. 군권이 곧 권력임을 결코 잊지 않은 셈이다. 4대 칼리드가 왕위에 오를 당시 압둘라의 권위는 이미 상당히 높아졌다. 칼리드 국왕은 1975년 파드를 왕세제로 지목하면서 압둘라를 부왕세제로 임명했고, 파드가 왕위에 오른 1982년에는 왕세제로 임명됐다.

왕실 개혁에 나섰던 압둘라 빈 압둘아지즈 알사우드 국왕

수다이리 가문의 압력

하지만 수다이리 출신이 아닌 압둘라가 실제 왕위에 오를지는 불투명했다. 파드 국왕의 동복형제들이 여전히 국방부와 내무부를 장악하고 있었기 때문이다. 실제로 수다이리 세븐은 압둘라가 부왕세자에 올랐을 당시에도 사임할 것을 압박한

것으로 알려져 있다.[13]

그런데 1995년 파드 국왕이 뇌졸중으로 쓰러지면서 자연스레 섭정을 맡게 되고, 국왕 즉위를 위한 준비를 마치게 된다. 2005년 왕위에 오른 압둘라는 2010년까지 국가방위군 총사령관을 겸임하다가 군을 국가방위부로 격상시키고 그 자리를 자신의 아들에게 물려줬다. 비록 왕세제로는 수다이리의 둘째 술탄을 임명했지만, 형제 상속에 기반을 둔 왕실 전통에서 나중에라도 자신의 아들이 후보로 지명될 수 있도록 하기 위한 포석이었다는 분석이다.

압둘라의 여러 개혁 조치들도 결국 수다이리에 집중된 권력을 분산시키고, 국민들의 지지를 얻고자 하는 정치 행위였다는 분석이 많다. 하지만 압둘라 국왕 역시 끝내 수다이리 가문의 압력을 이겨내지 못했다. 술탄 왕세제가 2011년 사망한 뒤에도 수다이리의 넷째인 나예프를 계승권자로 임명해야 했고, 2012년 나예프가 죽은 뒤에도 수다이리가의 살만을 후계자로 삼아야 했다. 그리고 2015년 4월 그가 서거하면서 압둘라 식 왕실 개혁도 종지부를 찍게 됐다.

가문 사이의 보이지 않는 암투

최근 사우디아라비아 왕실은 보이지 않는 전쟁을 치르고 있다. 권력 중

---

13. Jennifer Bond Reed & Breda Lange, "The Saudi Royal Family: Modern World Leaders", Chelsea House, 2007

앙부인 수다이리 가문과 다른 가문, 그리고 수다이리 가문 내의 갈등 등이 얽힌 복잡한 전쟁이다. 절대왕정인 만큼 왕좌를 향한 전쟁도 치열한 양상이다. 현 국왕과 왕세사, 부왕세자의 권력이 강력하지만 국제 유가 하락으로 인한 경제난과 지지부진한 예맨 공습 등으로 인한 여론 악화는 왕좌에 도전하는 개혁파에게 중요한 에너지원이 되고 있다. 2015년 즉위한 살만 국왕은 수다이리 일곱 왕자 가운데 여섯째다. 형제 상속의 원칙을 따른다면 다음은 아흐메드 왕자다. 하지만 살만 국왕은 왕세자에 조카인 나예프 왕자를, 부왕세자에 아들인 살만 왕자를 임명했다. 처음으로 건국왕 이븐 사우드의 손자들 가운데 왕위 계승자가 나온 셈이다. 나예프의 아버지는 수다이리 왕자들 중 네 번째로 압둘라 국왕 때에 왕세제에까지 올랐으나 2012년 사망했다.

살만 국왕에게 도전하기 시작한 왕자와 왕족들

문제는 졸지에 왕위 계승 서열에서 밀려난 아흐메드다. 그리고 그동안 수다이리 가문의 힘에 눌려 목소리를 내지 못했던 다른 왕자들과 왕족들도 이 기회를 틈타 살만 국왕에 도전하기 시작했다.

최근 익명의 사우디아라비아 왕족은 《가디언》지에 "탈랄 왕자와 아흐메드 왕자, 투르키 왕자가 쿠데타를 일으켜야 한다"는 투서를 했다. 이들 셋은 모두 살만 국왕에게 불만이 많을 만한 인물들이다. 투르키와 아흐메드는 수다이리의 다섯 번째와 일곱 번째 아들이다.

투르키는 일찌감치 진보적인 행보를 보였다. 그는 왕실이 반대하는 결혼을 위해 국방부 차관이라는 요직을 버리고 1978년 이집트로 망명 길에 올랐다. 2010년 사우디아라비아 왕실이 개인의 자유를 침해하는 정권이

세계의 왕실

2015년 초 왕세제 시절의 살만 국왕이 사우디아라비아 최고 국정자문기
구인 슈라위원회(왕실위원회·House of Saud) 구성원들의 결속을 다지며
사진을 찍고 있다.

라고 비난하는 편지를 썼다는 주장이 나왔지만 사우디 왕실은 조작된 일
이라고 말했다.

아흐메드는 2012년 2월부터 11월까지 내무부 장관을 역임해 유력한 왕
위 계승 후보로 떠올랐으나 결국 형 살만 국왕에 의해 후보에서 밀려났다.
때문에 형제 상속을 깨뜨린 살만 국왕에게 가장 크게 반발할 수 있는 인물
이라고 평가받고 있다.[14]

탈랄 왕자는 수다이리 출신이 아니다. 탈랄 왕자의 동복형제 가운데는
왕위에 오른 이도 없다. 외가의 세력이 미미하기 때문이다. 하지만 민주단
체를 결성해 입헌군주제 등 민주화를 주창하다 추방까지 당해 일찌감치 왕
실에서 멀어졌다.[15] 이 때문에 '개혁'이라는 명분에 적합하다.

나예프 왕세자는 내무부 장관을, 살만 부왕세자는 현재 국방부 장관을
맡고 있다. 내무부는 최근 메카 성지순례 사고에 책임이 있고, 국방부는 지

---

14. Bloomberg, "Saudi Balancing Act Abandoned as King Imposes Rapid Change",
    2015.05.01.

15. Riz Khan, "Alwaleed: Businessman, Billionaire, Prince", Harper Collins, 2005.10.18.

지부진한 예맨 공습을 주도하고 있다. 게다가 국제 유가 하락으로 사우디아라비아 경제와 재정이 어려워진 상황이다. 살만 국왕과 왕세자, 부왕세자를 몰아붙일 만한 환경인 셈이나.

국권은 왕좌에 가장 가까운 권력

하지만 수다이리 가문은 오랜 기간 권력의 고삐를 놓지 않았다. 특히 군권을 놓지 않고 있다. 사우디아라비아에서 군권은 왕좌에 가장 가까운 권력이다. 사우디아라비아는 헤지즈 왕국, 샴마르 왕국과 네즈국, 라쉬드 가문 등 다양한 부족을 무력으로 제압했다. 샤리아 법에 근거한 왕실의 강경 통치에 불만을 품은 이들이 잇따라 속출했지만 이를 제압한 것이 국가방위군이었다.

수다이리 출신이 아닌 3대 파이잘 국왕은 모친인 알 앗 셰이크가 와하비즘의 후손 세력으로서 사우디아라비아의 교리와 석유부를 장악할 정도로 힘이 막강했다. 그럼에도 사우드 국왕을 끌어내리고 왕위에 오르기 위해서 군권을 쥐고 있던 수다이리 출신의 파드, 술탄 형제와 손을 잡았다.

4대 칼리드 국왕은 외가인 질루이 가문이 수다이리 가문의 한 갈래였다. 왕위를 양보했던 친형 무함메드가 이콴 특공대를 총괄하는 등 국방 관련 업무를 주로 맡았던 것도 힘이 됐다. 칼리드 국왕 때 이미 실권은 수다이리의 맏이인 파드가 휘둘렀었다. 일찌감치 국방부 장관과 내무부 장관을 역임했던 파드는 부왕세자를 맡으면서 왕좌에 다가간다. 그리고 파드 국왕이 즉위하면서 수다이리의 시대가 열린다.

그는 왕족이 석유부 장관에 오르는 것을 금지하고 석유에 대한 왕의 권리를 확보했다. 이때부터 수다이리의 힘은 셰이크 가문 등 라이벌을 압도

한다. 파드 국왕은 1992년 기본법을 통해 왕위 계승자 후보 선정 권한도 오로지 국왕에게만 부여했다. 가장 강력한 왕권을 휘둘렀던 파드 국왕의 자리가 수다이리 가문 출신이 아닌 압둘라 국왕에게 돌아간 것도 군부의 힘이다.

소수 세력 가문 출신의 압둘라 국왕은 파드 국왕이 뇌졸중으로 쓰러진 1995년부터 국무를 대행하면서 군권을 확보했다. 압둘라가 국왕에 올랐을 때 크게 반발하는 이들도 없었다. 내무부와 국방부를 실질적으로 장악하고 있던 수다이리 출신 왕자들도 압둘라 다음 왕위는 다시 자신들에 돌아올 것을 확신했다. 실제 압둘라 국왕 때 후계자들은 모두 수다이리 출신으로 임명됐고, 2015년 왕위를 이은 것도 살만 국왕이다.

결국 수다이리 가문은 건국왕 이븐 사우드 사후 60년 가까이 군부에 대한 통제권을 바탕으로 사우디아라비아의 권력을 독점해온 셈이다.

개혁의 아이콘, 탈랄 왕자

최근 사우디아라비아에서 벌어지고 있는 왕좌의 게임에서 가장 주목 받고 있는 이는 탈랄 왕자다. 2대 사우드 국왕과 가까운 사이였던 탈랄 왕자는 '자유왕자단Free Princes Movement'을 조직해 입헌군주제와 노예제 폐지, 교육제도 개혁과 헌법 제헌 등 광범위한 개혁을 주장했다. 여성 개혁도 주장했다. 이같은 개혁 초안을 1960년에 제출했지만 아무리 그를 아끼는 사우드 국왕이라도 스스로의 권력을 내려놓는 개혁안을 받아들이지는 않았다.

자유왕자단과 아랍해방전선

하지만 탈랄 왕자는 '아랍해방전선'을 조직해 보다 민주적인 개혁을 요구했고, 자신의 친동생 나와프, 파와즈, 바드르 왕자와 이복동생 압둘 무신 왕자의 지지를 얻는다. 이 때문에 한동안 사우디아라비아 왕실은 개혁파와 보수파로 나뉘어 갈등했다. 하지만 1964년 유력한 셰이크 가문의 파이잘 국왕이 사우드 국왕을 강제로 퇴위시키고 즉위하면서 개혁파는 급격히 힘을 잃는다.

탈랄 왕자는 자유왕자단을 해체하고 레바논으로 추방당했다. 그나마 모친 무나이리가 탈랄의 여동생 마다위를 이끌고 파이잘 국왕에게 선처를 호소한 덕분에 탈랄은 사우디아라비아로 돌아올 수 있었다.[16] 물론 사우디아라비아 왕가 직위를 모두 잃었고, 전 재산도 왕가에 환원했다. 하지만 탈랄 왕자는 여전히 사우디아라비아 왕실에서는 개혁의 아이콘으로 인식되고 있다.

전 재산 기부 의사를 밝힌 탈랄의 아들

최근 탈랄 왕자는 아들 때문에 다시 세간의 주목을 받기도 했다. 자신의 전 재산 320억 달러(약 35조 3,440억 원)를 기부하겠다고 밝힌 알 왈리드 왕자가 바로 탈랄의 아들이다.

알 왈리드 왕자는 자신의 아버지가 통신부 장관으로 있을 당시 빌린 돈 3만 달러(약 3,313만 원)로 투자회사 킹덤홀딩스를 세워 씨티그룹, 애플 등 다국적 기업에 투자하는 글로벌 큰손으로 거듭났다. 사우디아라비아 왕

---

16. Riz Khan, 2005

실에서는 알 왈리드 왕자가 지나치게
친親미적일 뿐만 아니라 자유왕자단을
이끌었던 탈랄의 아들이라는 사실에
반감을 가지고 있다. 알 왈리드는 탈
랄의 영향으로 계승권을 박탈당했다.
하지만 그가 320억 달러를 사회에 환
원하겠다고 밝히면서 탈랄과 알 왈리
드를 지지하는 세력이 모이고 있다.

나예프 왕세제

명예스런 석유 황제의 퇴장

사우디아라비아 왕실이 직접적인 석유부 권력 장악에 나섰다. 사우디 왕
가로부터 독립성을 유지해온 사우디아라비아 석유부 장관 시대가 2015년
10월 7일 막을 내렸다. 이날 사우디아라비아 왕실은 개각을 통해 알리 이
브라힘 알나이미 석유부 장관을 해임하고 칼리드 알팔리 전 아람코 사장
을 에너지산업광물자원부 장관에 임명했다. 칼리드 알팔리는 왕위 계승 2
위 왕자인 모하메드 빈 살만 부왕세자의 최측근이다.

살만 빈 압둘아지즈 국왕은 이날 포고령을 통해 석유부의 명칭을 에너
지산업광물부자원부로 바꾸고, 신임 장관에 칼리드 알팔리 보건부 장관 겸
국영석유회사 아람코 회장을 임명했다. 이로써 21년간 석유정책을 지휘해
온 알리 알나이미 석유부 장관은 자리에서 물러났다.

살만 빈 압둘 아지즈 국왕은 2014년 기존 석유위원회가 아닌 경제개발위원회가 석유 정책을 짜도록 해 석유 정책을 둘러싼 구조체계를 바꿨다. 때문에 알나이미의 해임은 예상된 일이었다. 이번 개각은 2015년 '탈석유화'와 '미래산업 육성'을 골자로 한 국가경제개발계획인 '비전2030'을 발표하면서 석유부의 지위를 낮추고 경제개발위원회의 입지를 강화하기 위한 것이었다.

알나이미의 해임으로 석유 권력에 가까워진 인물은 다름아닌 사우디 왕실의 '실세'라 불리는 모하메드 빈 살만 부왕세자다. 경제개발위원회의 수장으로, 국방부 장관을 겸하고 있다. 2014년 살만 국왕의 개각으로 모하메드는 명실상부 사우디아라비아의 병권과 경제 정책의 총책임자가 됐고, 이후 알나이미의 발언권은 자연스럽게 약해졌다.

실제로 2016년 4월 산유량 동결을 골자로 한 석유수출기구OPEC 합의가 실패한 배경에는 모하메드 부왕세자가 있었다. '미스터 에브리싱'이라고 불리는 모하메드 부왕세자는 "이란의 참여 없는 산유량 동결은 있을 수 없다"라고 못박았다. 사우디의 강경한 태도로 산유국들은 합의에 도달할 수 없었다.

판이 뒤집힌 것은 그로부터 5개월이 지난 2016년 9월이었다. 미국《월스트리트저널WSJ》은 사우디가 2015년 역대 최대 재정적자를 기록하자 OPEC 회의에서 산유량 동결을 이끌어냈다고 보도했다. 보도에 따르면 이때도 모하메드 부왕세자는 칼리드 알팔리 에너지부 장관에게 '사우디 점유율을 지키는 선에서 이란과의 합의를 도출하라'라는 지시를 내렸다. 산업 관계자들도 WSJ에 "사우디는 어느 하나도 포기하지 않았다"라고 주장했다.

9월 OPEC 회의에서 14개 회원국은 유가 회복을 위해 일 평균 생산량을 3250배럴까지 줄이자고 합의했다. 사우디는 여기에 자국은 일일 산유량을 1060만 배럴에서 40만 배럴 가량 감산하고, 이란에는 하루 평균 산유량을 370만 배럴로 동결하자는 제안을 했다. 석유 산업 관계자들은 "어차피 사우디 왕실은 합의와 상관없이 올해 말까지 일일 산유량을 1,060만 배럴에서 40만 배럴 가량 감산할 계획이었다"라며 "칼리드 알팔리 장관은 사상 최대 수준으로 증가한 자국 원유 생산량을 적정 수준으로 완화한 것 뿐"이라고 설명했다.

모하메드 부왕세자는 아람코가 경제개발위원회 산하로 편입된 직후 알팔리를 회장으로 임명했다. 알팔리는 모하메드 부왕세자의 '비전 2030'을 짜는 데에 큰 역할을 했다.

알나이미의 해임은 평민 출신의 테크노크래트technocrat를 중심으로 이어져온 사우디 석유장관 시대의 종언을 알리는 일이기도 하다. 압둘라 타리키 초대 석유장관을 시작으로 알나이미까지 사우디의 석유장관은 모두 평민 출신의 테크노크래트다. 비록 사우디의 종교 지도자 가문과 긴밀한 관계를 유지한 것으로 알려져 있지만, 이들은 어떤 왕족 일가로부터 중립적인 인물들로 평가받았다.

국기	개요	
	국왕	사바흐 알 아흐마드 알 자비르 사바흐
	왕가명	사바흐
	수도	쿠웨이트시티
왕실 문장	면적	1만 7,818km^2
	인구	약 278만 8,534명
	1인당 GDP	7만 700달러
	언어	아랍어
	주요 종교	이슬람(76.7%), 기독교(17.3%), 기타(5.9%)

: **계보도**

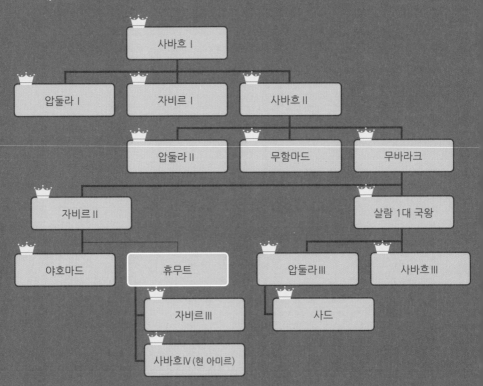

쿠웨이트

줄타기 외교와 상인 DNA로 부의 요새를 구축하다

"한손엔 칼, 다른 한손엔 코란"이라는 말이 있다. 그만큼 이슬람 문화권인 중동 정치에서는 무력이 중요하다. 왕실의 권력 기반도 종교 혹은 종교 정신으로 무장한 군대인 경우가 많다. 하지만 쿠웨이트 왕실은 좀 다르다. 교역과 외교라는 비폭력 수단으로 나라를 세웠고, 덩치는 작지만 세계적인 부국으로 거듭났다.

협상과 외교로 이룬 나라

사바흐 아흐마드 알자비르 알사바흐 국왕(사바흐 4세)은 1963년부터 2003년까지 무려 40년간 외교부 장관을 맡았다. 1991년 이라크 침공을 물리친 것도 당시 국왕이던 자비르 알 아흐마드 알 사바흐(자비르 3세)와 외

쿠웨이트 국왕인 사바흐 4세

교부 장관이던 사바흐 4세 현 국왕의 외교 노력 덕분이다.

걸프전쟁 이전 쿠웨이트는 친親소련 노선을 걸었다. 이란-이라크 전쟁 때는 이라크를 지지했다. 그런데 이라크가 침공해오자 사우디아라비아에 망명정부를 세우면서 미국의 손을 잡았다. 지금은 미군 주둔까지 허용할 정도로 미국과의 사이가 돈독하다. 따지고 보면 이라크 사담 후세인 당시 대통령은 쿠웨이트를 건드렸다 결국 정권까지 잃게 된 셈이다. 반대로 쿠웨이트는 미국을 이용해 숙적 이라크를 제압한 게 된다.

쿠웨이트의 외교력은 왕실 성립 때로 거슬러 올라간다. 16~17세기 초 포르투갈이 아랍 해상무역을 장악하기 위해 걸프 해안과 오만 해협을 따라 전략적 요지를 구축하면서 유럽과 무역이 활발하게 이뤄졌고, 이 과정에서 알 사바흐Al Sabah, 알 할리파, 알 잘라히마 등 상인 가문이 핵심 세력으로 부상했다. 이들 세 가문은 18세기 초 사우디아라비아를 세운 사우드 가문에 밀려 지금의 땅으로 근거지를 옮긴다.

하지만 영국과 오스만 등 외부 세력이 쿠웨이트를 압박하자 세 가문은 1756년 알 사바흐 가문의 사바흐 빈 자비르를 왕으로 옹립하며 왕국을 세운다. 국호는 '작은 요새'라는 뜻의 쿠웨이트. 하지만 건국 이후 사우디아라비아와 갈등하며 알 할리파와 알 잘라히마 가문 일부는 카타르로 이주해 세력이 약화된다.

세계의 왕실

알 사바흐 왕실은 무력 대신 협상으로 영국을 온전히 설득해 오스만 제국과 인근 아랍 부족들의 침략 기도를 견제한다. 영국 입장에서는 교역을 통해 막대한 부를 가진 알 사바흐 왕실과 협력을 거부할 이유는 없었다. 압둘라 1세 때인 1835년 영국은 아라비아 반도 각 나라들이 서로 공격하는 것을 금지하는 휴전 협정을 중재했다.

영국의 힘이 잠시 약해진 19세기 중반 압둘라 2세 때는 잠시 이라크 바스라 주의 한 지방으로 편입돼 오스만 제국의 보호를 받기도 한다. 하지만 19세기 말 오스만 제국이 쇠퇴하면서 다시 영국의 손을 잡는다. 당시 무바라크 국왕은 바레인이 영국의 보호를 받으면서 자치권을 보장받는 과정을 본받아 1899년 영-쿠 보호조약을 체결해 오스만 제국에서 벗어나 자치권을 회복한다. 무바라크 왕은 자치를 위해 영국식 입헌군주제도 받아들인다.

상인 가문의 남다른 경제 수완

그래도 역시 상인 가문이다. 영국과 손을 잡았지만, 이해가 충돌하면 재빨리 입장을 바꿨다. 1938년 미-영 쿠웨이트오일사가 석유를 발견하고, 제2차 세계대전을 계기로 석유의 영향력이 커지면서 영국의 보호령도 거추장스러워졌다.

1961년 6월 압둘라 3세는 헌법을 제정하면서 완전한 독립을 선언하고 석유 이익을 독점하기 시작했다. 그리고 알 사바흐 왕실은 석유로부터 얻은 막대한 부를 안으로는 국민들의 지지를 얻는 데, 밖으로는 외교에 활용하며 국력을 키웠다.

상인의 집안답게 왕실은 부富를 관리하는 수완도 남다르다. 1977년부터 2006년까지 독립 이후 최장기 집권을 하며 오늘날 쿠웨이트의 기반을 다진 자비르 3세는 탁월한 경제통이다. 30대였던 1962년, 새로운 디나르 화폐를 도입하고, 쿠웨이트아랍경제개발펀드KFAED를 만들었다. 이 펀드는 신흥국들의 경제 개발을 돕는 역할을 했다. 도움을 받은 신흥국들은 쿠웨이트로부터 원유를 구매하고 때로는 돈을 빌리는 고객이 되기도 했다. 이들 신흥국이 국제사회에서 쿠웨이트의 든든한 지지자 역할을 한 것은 물론이다. 왕실의 치밀한 경제관은 원유 수입이 대부분인 국가 재산을 깐깐하게 관리하는 데서도 엿보인다. 쿠웨이트 예산은 재정부 장관이 편성하고 의회의 승인을 거쳐 집행된다. 일반 공화정 국가와 다르지 않다. 심지어 국왕도 나라에서 월급을 받는다. 급여는 석유 매장량과 부동산 자산 및 글로벌 투자 실적에 근거해 책정되며, 사바흐 4세는 1년에 약 5,000만 달러(약 552억 2,500만 원)를 받는다.

쿠웨이트 왕실의 두 가지 문제

외교 수완이 좋고 돈도 많은 쿠웨이트 왕실이지만, 문제가 없는 것은 아니다. 왕정에서 피할 수 없는 왕위 계승, 그리고 다른 이슬람 국가와 너무 달라서 비롯되는 주변의 따가운 시선이 문제다.

깨어진 원칙, 갈등의 씨앗

쿠웨이트는 원래 장자 상속이 전통이다. 그런데 무바라크 왕이 1915년 후계 원칙을 바꾼다. 자신의 직계인 자비르 2세와 살람 가문에서 번갈아 왕위를 이으라는 유언을 한 것이다.[17]

그런데 1963년 쿠웨이트 독립을 이룬 압둘라 3세는 1965년 자신의 이복동생 사바흐 3세에게 왕위를 물려준다. 이를 위해 의회에 왕세자 지명권을 부여해 명분도 만들었다. 압둘라 3세의 후원으로 사바흐 3세가 왕위에 올랐지만, 의회와 긍정적인 관계를 유지하지 못했다. 이 때문에 1965년 당시 재정부 장관이던 자비르 3세가 1977년 왕세자로 지명된다.

자비르 3세는 아랍개발기금을 통해 쿠웨이트의 국제적 입지를 높였고, 무엇보다 의회의 이익을 적극 대변했다. 자비르 3세의 뒤를 살람가家의 사드 알 압둘라 알 사바흐 국왕이 이었지만 건강 문제로 즉위 8일 만에 퇴위하고, 다음 왕위는 자비르 가문인 지금의 국왕 사바흐 4세에게 돌아갔다.

사바흐 4세는 즉위하면서 살람가의 막내인 무함마드 왕자 대신 자신의 동생인 나와프 왕자를 세자로 지명한다. 자비르 가문이 오랜 기간 의회와 우호관계를 다져온 결실이었다. 1955년생인 무함마드는 1937년생인 나와프 왕세자의 다음 순위로 왕위에 도전할 수도 있었지만, 2011년 부정부패 혐의로 추방되면서 왕위에서는 멀어졌다는 평가다. 하지만 최근 사바흐 4세에 의한 의회 해산권 발의가 잇따르고 있어 자비르 가문과 의회의 밀월

17. Jill Crystal, "Oil and Politics in the Gulf: Rulers and Merchants in Kuwait and Qatar: Cambridge University, 1990 ; General Books LLC, "Kuwaiti Monarchy: House of Al-Sabah, Royal Residences in Kuwait, Rulers of Kuwait, Mubarak Al-Sabah, Jaber Al-Ahmad Al-Jaber Al-Sabah", 2010

관계에 금이 가고 있다는 관측도 나온다.

중동 이슬람 국가의 미운 오리 새끼

쿠웨이트가 중립 외교와 강대국 줄 서기로 실리를 극대화했지만, 이를 얄밉게 보는 세력도 적지 않다. 여성에 대한 관대함(?)도 엄격한 이슬람 원칙주의 관점에서는 좋게 보일 리 없다.

1985년에는 자비르 3세 국왕을 대상으로 한 자살폭탄테러 사건이 터졌다. 자비르 3세가 부상을 입었고, 경호원 두 명과 행인 한 명이 사망했다.[18] 1991년 이라크의 쿠웨이트 침공도 이란과의 전쟁으로 피폐해진 사

자비르 3세

담 후세인이 쿠웨이트의 석유를 노렸다는 게 표면적인 이유지만, 깐깐한 자비르 3세를 체포하려는 작전이었다는 해석도 있다. 자비르 3세는 전쟁 발발 직후 왕실이 신속하게 사우디아라비아로 피신한 덕분에 위기를 모면했다.

2015년 6월, IS는 쿠웨이트가 수니파 국가임에도 시아파가 인구의 3분의 1 이상을 차지한다며 테러를 저지르기도 했다. 시아파뿐만 아니라 수니파 내부의 타깃도 된 셈이다.

---

18. NY Times, "Car Bombers Fails in Attempt to Kill Leader of Kuwait", 1985.05.26.

미니스커트를 입는 여성들, 막강한 권한을 가진 의회

쿠웨이트 왕실은 중동에서도 남다른 곳으로 평가된다. 분명 이슬람 국가지만, 직접선거로 선출되는 의회의 힘이 상당하고, 여성 차별이 가장 적다. 의회는 왕도 바꿀 수 있고, 여성들에게는 미니스커트가 인기일 정도다.

히잡에 얽매이지 않는 자유로운 여성들

중동의 여성들에게 '히잡'은 필수다. 얼굴 전체를 가리지는 않더라도 '아바야'로 몸 대부분을 천으로 가리는 게 보통이다. 하지만 쿠웨이트는 다르다. 쿠웨이트 여성은 유럽의 스트리트 패션을 즐겨 입는다. 젊은 여성들에게는 미니스커트도 인기다. 이웃 사우디아라비아 여성들은 꿈도 못 꿀 일이다. 2009년 쿠웨이트 최고 법원은 여성 의원들이 이슬람식 전통 스카프인 히잡을 착용하는 것은 의무사항이 아니라는 판결을 내놓기도 했다.[19] 옷이 자유로운 만큼 여성들의 사회활동도 활발하다. 알 자인 사바 알 나사르 알 사바흐 공주는 내무부의 청소년 정책을 담당하면서 다양한 민관 협력 사업 및 국정 운영 모델을 선보였다. 그는 쿠웨이트 TV와 미국 ABC 방송의 제작자로 활동하면서 〈오프라 윈프리 쇼〉에도 출연하는 등 이슬람의 우먼파워를 세계에 알리는 데도 앞장서고 있다. 후사알 살림 알 사바흐 공주는 이슬람 예술의 세계화에 힘쓰는 것으로 유명하다.

---

19. KOTRA, "동대문 패션 여성의류에 눈뜬 쿠웨이트 바이어", 2014.12.26., http://www.global-window.org/gw/overmarket/GWOMAL020M.html?&BBS_ID=10&MENU_CD=&UPPER_MENU_CD=M10102&MENU_STEP=3&ARTICLE_ID=5023641&ARTICLE_SE=20302

왕권만은 못하지만 막강한 의회

쿠웨이트는 직접선거로 각 부족을 대표하는 국회의원 50명과 국왕이 임명한 15명의 행정부 장관을 중심으로 국정을 운영한다. 의회는 입법권, 왕세자 임명 동의권, 예산 심의 및 승인권, 각료 불신임권, 국무총리 해임권을 행사한다. 이에 대해 왕은 군 통수권, 각료 임명권과 함께 의회 해산권을 갖는다. 제대로 된 권력 분점인 듯 보이지만, 실제로는 왕의 힘이 더 세다. 왕실은 독립 후 1976년, 1986년, 1999년, 2006년, 2008년, 2009년, 2011년 등 무려 일곱 차례나 의회 해산권을 발동해 의회를 제압했다. 왕실 모독죄도 엄격히 집행된다. 2014년 집단 시위가 발생했을 때도 왕실 모독죄를 내세워 진압했다.

왕실 모독죄는 왕의 정치 권력으로 이용되기도 한다. 2015년 2월 왕실을 모독한 혐의로 기소된 쿠웨이트 야권 지도자 무살람 알바라크 전 의원에게 징역 2년이 선고됐다.

알바라크는 총선을 앞둔 2012년 10월 대중 집회에서 쿠웨이트 왕실이 선거 결과를 뜻대로 조작할 수 있도록 선거법을 개정하려 한다고 주장했다는 이유로 체포돼 재판을 받아왔다.

하지만 의회가 일정 권한을 가진 만큼 왕이라고 해서 여론을 계속 무시할 수만도 없다. 2016년 10월 사바흐 4세는 계속되는 정치 불안 문제를 해결하기 위해 내각이 총사퇴하는 동시에 의회에도 해산 명령을 내렸다. 국민들도 최근 유가 폭락으로 인해 정부가 여러 가지 혜택을 줄이자 반발하고 있어서다. 특히 무장 단체인 이슬람국가(IS)가 등장하면서 쿠웨이트에 대한 테러 위협이 늘었지만 정부에 이에 대해 제대로 대처하지 못하고 있는 점도 민심 이반의 원인으로 지목된다.

이번에 해산된 의회는 '아랍의 봄'에 대한 반발이 작용한 2013년 총선으로 구성됐으며 안정을 원하는 친정부 성향 후보들이 다수를 차지하고 있었다.

국기	개요	
	국왕	칼리프 빈 자이드 알 나흐얀
	왕가명	나흐얀
	수도	아부다비
왕실 문장	면적	8만 3,600km^2
	인구	약 577만 9,760명
	1인당 GDP	6만 6,300달러
	언어	아랍어, 페르시안어 등
	주요 종교	이슬람교(76%), 기독교(9%), 기타(5%)

: 계보도

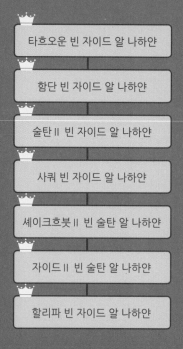

타흐오운 빈 자이드 알 나하얀

함단 빈 자이드 알 나하얀

술탄 II 빈 자이드 알 나하얀

사쿼 빈 자이드 알 나하얀

셰이크흐붓 II 빈 술탄 알 나하얀

자이드 II 빈 술탄 알 나하얀

할리파 빈 자이드 알 나하얀

아랍에미리트(UAE)

아랍에미리트 대통령의 신분은 군주

통치자의 신분은 군주지만 직책은 대통령이다. 대통령은 군주가 따로 있는 일곱 개 나라를 대표한다. 일곱 개 나라 가운데 가장 크고 힘이 센 나라의 군주가 대통령직을 세습한다. 이곳은 중동의 무역, 금융, 통신, 교통 관광 중심지인 아랍에미리트UAE다.

아랍 일곱 개 토호국의 연방국가 결성

아랍에미리트는 페르시아 만과 맞닿아 중세부터 근대까지 중동 패권의 격전지였다. 유럽과 인도를 잇는 주요한 교역로에 있어서다. 16세기까지 오스만투르크의 영향권 아래 있다가 17세기부터 포르투갈과 영국 등 유럽 세력이 진출한다.

아랍에미리트 일곱 개 왕국의 군주들

이 지역에서 가장 강력한 토착 세력은 바니 야스Bani Yas 연맹이었고, 그 가운데 알 팔라 가문과 알 파살 가문이 각각 아부다비와 두바이를 중심으로 세력을 확장했다. 18세기 포르투갈의 힘이 약해지면서 영국은 이 지역 바다를 장악했고, 남부지역 해안 세력이던 알 카심을 견제하기 위해 1819년 바니 야스 연맹 등 이 지역 일곱 개 부족과 손을 잡는다. 이어 일곱 개 토호국은 영국의 보호령에 편입되고, '걸프지역영국보호령위원회'를 만든다.

하지만 1971년 영국이 중동 지역 철수를 결정하면서 이란 등 주변 강국들이 이 지역을 노리게 되고, 이에 대응해 아부다비와 두바이를 중심으로 연방국가를 결성한다.

자이드 리더십의 비결은 검은 황금

아랍에미리트 초대 대통령은 자이드 아부다비 국왕이다. 중동판 존 F. 케네디라 불리는 그는 아랍에미리트에서는 전설적인 지도자로 평가받는다. 그는 일곱 개 토호국을 하나의 주권국가로 재편성했다. 바니 야스 부족 계열의 아부다비와 두바이 외에도 끼와심 부족 계열의 샤르자, 푸자이라, 움

알 꾸와인, 라스 알 카이마는 물론, 소수 나임 부족의 아즈만까지 아울렀다. 지리적으로 가까운 오만과 카타르는 연방 참여 대신 독립국가를 택했다.

자이드의 강력한 리더십 비결은 '검은 황금', 즉 석유였다. 그는 아부다비의 석유 개발을 이끌었고, 개발된 유전을 다른 토호국들과 나누며 연방을 구성했다. 애초에 형제관계였던 두바이와는 결혼을 통해 결속을 더욱 강력히 이어갔다.

아부다비 통치자의 강력한 힘

연방을 구성하는 일곱 개 나라는 각자 자치를 하지만 전체와 관련된 결정은 일곱 명의 셰이크, 즉 군주들로 구성된 연방최고회의에서 의결한다. 하지만 막강한 정치력과 영토의 90퍼센트, 그리고 94퍼센트의 석유를 차지하고 있는 아부다비 통치자의 힘이 가장 강력하다. 아부다비 군주가 대통령과 통합군 총사령관을 맡는 이유다. 두바이는 총리와 국방부 장관을 맡는다. 행정부와 입법부, 사법부의 요직도 각 나라가 나눠 갖는다.

아부다비의 경제력은 압도적이다. 2006년 아랍에미리트투자청과는 별도로 아부다비투자청을 만들었는데, 세계 최대 국부펀드다. 아부다비 왕실인 나흐얀 가문은 이 국부펀드를 통해 대외적인 영향력을 강화했다. 특히 2007년 미국의 글로벌투자은행IB의 대주주가 되면서 위상을 더욱 높였다.[20] 양대 축인 아부다비와 두바이는 의료기관, 첨단기술, 인프라 등 석유 외에도 다양한 분야를 육성하고 있다. 각종 병원, 교육시설, 개발회사 등에 투자하고 있으며 세계 최고층 부르즈 할리파 등 세계적 건축물도 세웠다.

---

20. Gary Giroux, "Business Scandals, Corruption, and Reform", Greenwood, 2013

강한 아랍에미리트를 이끈 아부다비 왕실

우리나라에서도 유명한 만수르는 아랍에미리트UAE의 건국 대통령인 셰이크 자이드 알 나흐얀의 다섯째 아들이다. 지금이야 만수르와 알 나흐얀 가문의 재력이 세계적으로도 손꼽히지만, 석유가 발견되기 전인 1930년대만 해도 찢어지게 가난했다. 집안을 일으켜 세운 것은 셰이크 자이드다.

나흐얀 왕세자

1928년 자이드의 형 샤크부트가 셰이크에 올랐을 때 나흐얀 가문의 생업은 농사와 진주 채취였으나, 그나마도 1929년 대공황으로 치명적인 타격을 입는다.

사막생활과 여행 덕에 석유 부호가 된 자이드

학교에 갈 형편이 안 되던 자이드는 대신 사막생활과 여행으로 현실에 눈떴다. 그런데 이 사막생활이 로또가 됐다. 1930년대 초 서방의 탐사팀이 석유개발 1차 조사를 위해 이 지역에 도착했다. 자이드는 사막생활 경험을 바탕으로 이때 탐사팀을 안내했다. 자연스레 알 나흐얀 가문이 가장 먼저 석유에 접근하게 됐고, 엄청난 부를 거머쥤다. 1946년 자이드가 피한 방울 흘리지 않은 쿠테타로 형을 대신해 셰이크에 올랐을 때도 온 나라가 그를 지지했다.

자이드는 중동에서 보기 드문 세련된 정치술로 아랍에미리트를 이끌었다. 파격적인 복지로 내부 민심을 어루만졌고, 적극적인 대외 원조와 친서방 외교로 대외적인 위상을 높였다. 특히 개방과 개혁, 관대함을 통치의 기본으로 삼았고, 당시로서는 보기 드물게 경제 정

자이드

책에서도 항상 자연과 인간을 함께 고려했다.

아랍에미리트에서는 종교의 자유가 보장됨은 물론, 여성과 외국인들의 삶도 편리하다. 1963년 채 10만 명이 안 됐던 인구가 1980년 100만 명, 2005년 400만 명을 돌파하고 2010년 800만 명, 2012년 900만 명까지 넘어설 정도로 급증한 것은 가파른 이민 덕분이다. 그만큼 살기 좋다 보니 많은 사람들이 몰려든 셈이다.

할리파는 휴머니즘의 선두주자다?

2004년 자이드의 뒤를 이은 셰이크 할리파는 '번영하는 UAE'에서 '강한 UAE'의 모습도 더하고 있다. 그는 고도의 군사훈련과 최첨단 무기 구입 등 국가 방위력 증강에 힘써 1990~1991년 걸프전쟁과 소말리아 및 코소보의 평화 유지 활동에 UAE군을 파견했다. 경제적으로는 석유 자원 외의 산업 발전을 위해 국제원조 프로그램과 인프라 구축을 위한 대대적인 투자에 나섰다. 자산 규모 608조 원의 세계 3대 국부펀드인 아부다비투자청ADIA과, 자산 규모 93조 원의 아부다비투자위원회ADIC가 선봉에 섰다.

인구가 급격히 늘었지만 복지를 더욱 강화한 점도 눈에 띈다. 할리파는

할리파 빈 국왕

권좌에 오르자마자 아랍에미리트 국민에게 돌아가는 복지 지원금(석유 자본을 통해 얻은 수익을 국민에게 임금 형태로 환원하는 지원금)을 25퍼센트 늘리겠다고 발표했다.[21] 2009년 두바이 사태로 인해 아부다비까지 타격을 받았을 때 할리파는 이를 다시 70퍼센트나 인상했다. 민심을 얻기 위해서는 경제만한 수단이 없음을 간파한 것이다.

할리파는 ADIC를 통해 유독 교육, 보건, 교통 등에 대한 투자를 지속해왔다. 모두 삶의 질과 관련된 투자다. UAE는 이를 통해 할리파를 '인간을 사랑하는 지도자', '휴머니즘의 선두주자'라 각인시켰다. 하지만 날 때부터 부자였던 탓인지 할리파는 자이드와는 다른 면모를 보이기도 했다.

할리파는 최근 아프리카 남단에 위치한 섬 세실야의 궁전을 짓기 위해 1995년 2억 달러(약 2,209억 원)를 투자했다. 세실야 공화국에는 1억 3,000만 달러(약 1435억 8,500만 원)의 복지와 군사 원조를 약속했다. 그런데 궁전이 지어지면서 현지 거주민 8,000명이 강제이주 당했다.[22] 할리파의 세실야 궁전은 금으로 도배될 정도로 초호화로 지어진 것으로 알려졌다.

21. Christopher Davidson, "After the Sheikhs: the Coming Collapse of the Gulf Monarchies", Hurst, 2013

22. *Wall Street Journal*, "ASheikh Abode a Sore Point in Seychelles", 2010.09.09.

세계의 왕실

왕과 왕세자의 미묘한 경쟁

자이드와 할리파로 이어지면서 번영을 이룬 알 나흐얀 가문이지만 문제
가 전혀 없는 것은 아니다. 왕과 왕세자의 미묘한 경쟁 때문이다.

할리파의 이복동생 무함마드는 아부다비 경제 활성화에 공이 커 국민
들의 지지가 높다. 페라리 월드의 소유자이면서, 제네럴일렉트로닉GE의 대
주주인 무함마드 왕세자는 아부다비의 경제 구조를 관광산업 등 비석유
분야로 탈바꿈시켰다. 자이드 이후 군주는 할리파였지만 실제 나라 경제
를 발전시킨 것은 무함마드라는 인식이 보편적이다. 할리파가 국민 지원
금을 두 차례나 파격적으로 인상한 것도 무함마드를 염두에 둔 조치라는
분석이 있다.

만수르 역시 아부다비의 권력 구도
를 좌우할 실력자 가운데 한 사람이
다. 만수르는 아랍에미리트 현 부총리
이고, 아부다비 왕족들의 개인자산을
운용하는 국제석유투자공사IPIC, 아부다비
수장이다. 아랍에미리트 연방정부 소
속 국부펀드 에미리트투자청EIA 의장
도 겸한다. 개인적으로 글로벌투자은
행IB인 영국 바클레이스와 세계적 자
동차기업인 다임러의 최대 주주다. 무
엇보다 만수르는 지난 2005년 두바이
공주인 셰이카 마날 빈트 무하마드 빈
라시드 알 막툼을 두 번째 부인으로 맞

아부다비 무함마드(위)
무하마드 빈 라시드 알 막툼(아래)

이했다. 마날의 아버지는 두바이의 군주이자 아랍에미리트의 부통령인 셰이크 무하마드 빈 라시드 알 막툼이다. 아부다비의 왕자이자, 두바이의 부마가 되면서 만수르의 정치적 위상은 더욱 높아졌다는 평가다.

두바이, 정치보다는 경제에 최적화된 군주 가문

두바이 군주 가문인 막툼가의 뿌리는 원래 아부다비였다. 1833년 셰이크 막툼 빈 부티가 800명을 이끌고 아부다비로부터 북동쪽으로 140킬로미터 떨어져 있는 지금의 두바이로 이주하면서 독립된 세력을 형성했다. 20세기 초까지 교역과 천연 진주 채취가 경제의 대부분이었지만, 수에즈 운하 개통과 양식 진주의 등장, 대공황 등으로 전통적인 경제 기반은 몰락한다.

물류의 거점으로 도약한 두바이

두바이 경제를 살린 것은 아부다비 군주 자이드와 손잡고 석유 개발에 나선, 1958년 즉위한 8대 군주 라시드 빈 사이드 알 막툼이다. 그런데 1966년 개발한 두바이의 석유는 아부다비와는 달리 급속도로 고갈됐다.

라시드는 쿠웨이트에서 돈을 빌려 크리크를 준설하고 지역의 물류 거점으로서 새롭게 인프라를 정비했다. 두바이 국제공항, 제벨 알리 자유무역특구JAFZA도 개설했다. 덕분에 두바이는 아라비아페르시아 만 일대에 머물지 않고 중앙아시아에서 아프리카 동해안을 잇는 물류의 거점으로 도약했다.

라시드 국왕은 남다른 정치력도 발휘했다. 1971년 아부다비와 손잡고 아랍에미리트 출범을 주도하면서 연방 내 2인자의 위치를 확보했다.

새로운 성장 동력, 관광

1990년 라시드의 장남 막툼이 자리를 이었지만 이렇다 할 업적을 남기지 못한 채 2006년 사망한다. 두바이 통치권은 동생인 무하마드에게 이어진다. 무하마드는 부왕인 라시드만큼이나 적극적인 개혁에 나섰다. 무엇보다 외국인직접투자FDI 유치에 적극적으로 힘썼다. 2010년 두바이 사태로 타격을 입었지만, 아부다비의 할리파 국왕에게 도움을 받아 투자를 이어갔다. 다만 그 대가로 자신이 소유한 세계 최고층 빌딩 부르즈 두바이Bruj Dubai의 이름을 부르즈 할리파Bruj khalifa로 바꿔야 했다.

두바이 무하마드(위)
두바이 경제를 살린 막툼(아래)

무하마드는 이후 두바이의 새로운 성장 동력으로 관광에 초점을 맞췄다. 2009년 '두바이 2015 개발계획'을 수립해 대형 테마파크 건립을 추진했다. 개관 예정인 레고랜드와 세계 최대 수중 테마파크 '펄 오브 두바이 Pearl of Dubai'가 그 결과물이다. 무하마드는 자신의 이름을 건 새 도심개발 계획 '무하마드 빈 라시드MBR 시티'도 구상하고 있다. 경마광馬이기도 한

무하마드 왕은 역대 최고인 1억 5,000만 달러(약 1656억 7,500만 원)의 상금이 걸린 '두바이 월드컵'을 창설하기도 했다.

아랍에미리트 2인자 가문의 생존 전략

두바이의 막툼 가문은 다른 중동의 왕가와 달리 왕자 간의 갈등이 거의 없다. 라시드 국왕 이후 동복형제들이 왕위를 계승했기 때문이다. 형제 간의 결속력도 견고하고 의사결정에 큰 갈등이 없는 것으로 알려졌다. 일곱 명의 아들과 열 명의 딸을 둔 무하마드 왕의 후계자는 둘째 아들 함단 빈 무하마드다. 장남 라시드 왕세자가 2015년 9월 심장마비로 사망해서다.

막툼 가문은 아랍에미리트 연방의 2인자지만 정부 요직에는 많이 진출해 있지 않다. 두바이에서는 부동산 개발, 서비스 산업 등의 민간 부문이 발달해 있기 때문에 막툼가의 왕족도 주로 민간기업의 요직을 맡고 있다.[23] 아랍에미리트의 2인자 가문이 이처럼 민간에 무게를 두면 1인자 아부다비와 갈등을 빚을 확률도 그만큼 낮다. 두바이는 정치보다는 경제에 최적화된 정치 집단이 되는 모습이다.

일곱 개 부족의 유지 고리는 힘

가지가 많으면 바람 잘 날 없는 법이다. 연방이어서 대화와 타협만 있

---

23. General Books LLC, "People from Dubai: Maktoum Family, Mohammed Bin Rashid Al Maktoum, Henrik Stenson, Ahmad Khalil, Maktoum Bin Rashid Al Maktoum", 2011

을 듯하지만, 연방 질서를 유지시키는 가장 효율적인 수단은 역시 힘이다.

1971년 아랍에미리트가 출범할 때 라스 알 카이마는 합류를 거부했다. 하지만 이란 해군이 라스 알 카이마 영토를 위협하자 당시 군주였던 사카르 국왕이 아부다비와 두바이에 도움을 청했고, 그 대신 연방의 일원이 됐다.

그런데 UAE군의 보호와 아부다비의 석유 자본으로 안정적인 국정이 가능했던 라스 알 카이마는 2003년 다시 위기를 맞는다. 당시 왕세자였던 칼리드 빈 사카르 알 카시미가 미국의 이라크 침공에 적개심을 드러낸 것이다. 이는 서방 정책을 고수하며 미국과 우호관계를 맺어온 아랍에미리트의 외교정책과 정면으로 배치되는 행보였다.

사카르 국왕은 다급히 자신의 손으로 자신의 장남 칼리드를 왕세자에서 폐위하고 오만으로 추방시켰다.[24] 그런데 이번에는 라스 알 카이마 국민들이 반발했다. 아부다비의 자이드 대통령은 주저 없이 연방군과 장갑차를 투입해 라스 알 카이마의 주요 도시를 포위했다. UAE군의 위협에 소동은 금새 진압됐다.

칼리드 왕제자의 자리는 동생인 셰이크 사우드 빈 사카르 알 카시미에게 이어졌고, 2010년 즉위한다. 형 칼리드는 귀국해 왕위 계승권을 주장했지만, 내부 왕실뿐만 아니라 아부다비 입김에 부딪쳐 왕위에 오르지 못했다. 자신의 형 칼리드가 아부다비에 맞서다 쫓겨난 것을 직접 목격한 그는 자국의 경제 살리기에만 힘을 쏟고 있다. 특히 세계 최대 세라믹 제조사인 RAK 세라믹을 설립하고 걸프지역의 제약 산업을 주도하고 있다.

---

24. Christopher M. Davidson, "Abu Dhabi: Oil and Beyond", C. Hurst & Co., 2009

국기	개요	
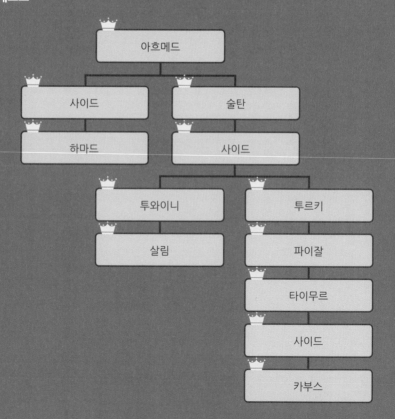	국왕	카부스 빈 사이드 알 사이드
	왕가명	사이드
	수도	무스카드
왕실 문장	면적	30만 9,500km²
	인구	약 328만 6,936명
	1인당 GDP	4만 3,800달러
	언어	아랍어
	주요 종교	이슬람(85.9%), 기독교(6.5%), 힌두교(5.5%), 불교(0.8%)

: 계보도

아흐메드

사이드 — 술탄

하마드 — 사이드

투와이니 — 투르키

살림 — 파이잘

타이무르

사이드

카부스

오만

신밧드 모험의 출발지

오만은 중동에서도 가장 오랜 역사를 자랑한다. 역사적 기록은 서기 630 년부터 존재하지만, 고고학적으로는 약 5,000년 전에도 인류가 거주했던 사실이 확인됐다. 특히 유럽과 아시아를 잇는 인도양에 접한 위치 때문에 오래 전부터 해상교역의 중심지였다.

8세기경 해상 무역상 아부 우바으다 압 알라 빈 알 카심 알 우마니는 중국과의 해상 교역로를 개척했다.[25] 이때를 모티브로 탄생한 것이 《신밧드의 모험》이다. 신밧드 모험의 출발지이자 오만의 해상무역 중심지인 소하르 항구를 통해 무역상들은 구리와 유황 등을 수출하며 해상력을 키웠다.

---

25. Paul Lunde, "Oman: A History", *AramcoWorld* (1983:May/Jun)

오만은 남아라비아에서 이주한 카흐탄 부족와 북부에서 이주한 니자르 부족으로 구성됐다. 이슬람 최초 종파로 만민평등을 주장하는 이바디ibadi 를 받아들여 종교 지도자를 선출하는 이맘체제Imamate를 수립했다.

해상 세력으로 오만의 국력은 상당했다. 16세기 희망봉 항로를 발견한 포르투갈인들이 약 150여 년 동안 오만의 해안지역을 점령했지만, 17세기 말 이맘 야루비가 지휘한 해군에 의해 결국 축출됐다. 18세기에도 이맘 술탄 빈 사이프 2세 사후 후계 갈등으로 내부 분열이 발생했고 1737년 페르시아가 잠시 오만의 해안을 점령했다. 하지만 1744년 이맘에 선출된 아흐메드 빈 알 부사이드가 페르시아인들을 축출했다. 이때 처음으로 알 부 사이드 가문의 세습체제가 구축돼 오늘에 이른다.

해군력을 갖춘 오만의 전성기

아흐메드는 페르시아군을 제압하는 과정에서 '해군'을 창설했다. 오랫동안 해상무역을 전개해온 오만은 무엇보다 항해에 능했다. 아흐메드는 해군을 육성해 이 지역에서 영국 다음 가는 해군력을 갖춘다. 인도양을 항해하는 배도 오만 해군의 보호를 받아야 했다. 이맘 대신 술탄 칭호만 쓰기 시작한 하마드 빈 자이드 때는 수도를 내륙도시 루스타크에서 대규모 항구가 있는 무스카트로 이전했다.

이후 술탄 빈 아흐메드, 자이드 빈 술탄을 거치며 오만의 최전성기가 펼쳐졌다. 영국과 손잡고 인도양을 제패했고, 노예무역으로 막대한 부도 쌓았다. 나폴레옹의 중동 진출을 저지한 것도 당시 오만 해군이었다. 영토도 아프리카 동부와 인도 서부까지 확장됐다.

약화된 국력

1833년에는 중동에서 최초로 미국 본토에 사절을 파견해 경제 협력을 맺었다. 하지만 자이드 빈 술탄이 1856년 사망한 이후 내전이 벌어지면서 아프리카 동부 잔지바르가 독립하고, 20세기 들어 인도 서부 지역 땅은 파키스탄에 매각하면서 오늘의 국경이 확정됐다. 잔지바르에는 1964년 공산혁명으로 탄자니아가 들어섰다.

지금의 오만은 자이드 술탄의 장남 투와이니가 계승했지만 국력이 약화돼 영국의 보호령으로 전락했다. 노예무역 및 무기매매 등의 상업도 쇠퇴했다. 특히 내분이 치명적이었다. 1913년 술탄 파이잘 빈 투르키 사후 내륙지방니즈와 일대은 새로운 이맘을 선출해 1920년까지 무스카트에 반발한다. 시브Seeb 협정을 통해 해안지방은 알 사이드 가문이, 내륙지방은 니즈와 부족의 이맘이 행정권을 갖게 됐다.

1932년 현 국왕의 부친인 사이드 빈 타이무르는 독재와 쇄국주의로 유명하다. 세계 대공황과 잇단 반란을 경험해야 했던 사이드는 반란 세력을 진압하고 왕으로서의 의사결정권을 강화하는 데에 집중했다.

석유가 발견되면서 내륙지방의 이맘과 무력충돌하지만 무스카트 측이 승리하면서 오만은 다시 통일됐다.

권력의 화신, 술탄 카부스

'표리부동'은 오만의 술탄 카부스 빈 사이드 알 사이드에게 가장 어울리는 말이다. 독재에 맞서 독재를 이뤘고, 평화를 위해 무력을 사용했고, 자립을 위해 외세도 활용했다. 술탄 카부스의 면모는 그의 권력 구축 과정에 가장 잘 나타난다.

아버지의 정책에 불만이 많았던 카부스

카부스의 부친인 사이드 빈 타이무르 술탄은 재위 당시 석유 개발로 경제난을 극복했지만, 사우디아라비아를 등에 엎은 이맘Immam, 종교 지도자 카리브의 반란으로 한때 수도 무스카트를 떠나 피난까지 갈 정도로 큰 곤경을 겪었다. 영국군의 도움으로 반란은 진압되지만, 사이드 술탄은 그 뒤 주변에 대한 의심으로 독재를 강화하고, 대외로의 문을 굳게 걸어 잠근다. 심지어 아들인 카부스까지 믿지 못했다. 때문에 카부스는 유년기를 궁궐이 아닌 자신의 모친 집에서 보내야 했다.[26]

오만의 술탄(왕)인 카부스 빈 알 사이드

카부스 왕자는 아버지의 정책에 불만이 많았다. 개방적인 영국 육군사관학교에서 서구 교육 문화를 경험한 그는 공포정치와 쇄국정책을 일관하는 자신의 아버지와는 달리 오만 내의 지배 세력과 타협하는 데에 집중했다. 특히, 소외된 왕족과 망명 정치인들과 교류해 지지 기반을 확보했다. 반란군을 진압하는 데에 도움을 요청해놓고

26. Sergey Plekhanov, "A Reformer on the Throne: Sultan Qaboos Bin Said Al Said", Trident Press, 2004

세계의 왕실

존 캐리 미국 국무부 장관과 회담 중인 카부스

서 쇄국정책을 펼친 사이드에 불만을 품은 영국도 카부스를 지원했다. 결국 카부스는 1970년 7월 자신의 부친 사이드를 몰아내고 왕위에 올랐다.

독재를 감추기 위한 경제 개발

카부스는 권력을 잡자마자 여론전을 펼쳤다. 먼저 술탄에 오르자마자 왕족을 요직에서 배제하며 그 힘을 약화시켰다. 국민과 정책을 논하는 연례회의를 만들고, 최고의사결정기구인 슈라위원회에 여성 참여를 허용했다. 그리고 이른바 국민과 소통하는 지도자로서 얻은 여론의 지지를 바탕으로 모든 권력을 술탄에 집중시켰다. 전임 술탄과 마찬가지로 카부스 술탄도 국왕이자 국방부 장관이자 대법원장이자 국회의장인 것은 같지만, 왕족이던 실무 부서의 책임자들을 모두 그의 심복으로 교체했다. 입법권, 사법권, 행정권을 모두 한 손에 장악한 셈이다.[27] '무스카트와 오만Muscat and Oman' 이라던 나라 이름도 '오만 술탄국The Sultanate of Oman'으로 바꿨다.

---

27. Calvin Allen & Lynn Rigsbee, "Oman Under Qaboos: From Coup to Constitution", Routledge, 2002

독재를 감추기 위해 경제 개발에도 힘썼다. 즉위하자마자 제1차 5개년 개발계획을 발표해 학교와 병원, 공공시설 확대에 힘썼다. 원유 수출자금 도 경제 개발에 투자해 '20세기 르네상스'라 불릴 정도의 경제 성장을 이 뤄냈고, 국민들의 지지도 유지했다. 2011년 '아랍의 봄'이 오만에도 불어 닥쳤을 때 카부스 술탄은 경제로 무마했다. 시위대를 강경 진압한 카부스 국왕은 시위대의 구호가 '오만인을 위한 일자리를 만들어라' 등 경제 문 제를 주로 담고 있다는 점을 놓치지 않았다. 그는 "공공 부문에서 일자리 를 5만 개 만들고 구직자들에게 월 390달러를 지원하겠다"고 약속해 불 만을 잠재웠다.[28]

독재자가 노벨평화상 후보에 오를 수 있었던 이유

강력한 독재에 대한 유일한 견제 장치인 국제사회의 여론도 외교로 조정 했다. 중동 평화 협상에 적극적으로 나섰고, 특히 2013년 미국 등 서방 6개 국과 이란의 핵 협상에서는 결정적 역할을 했다. 오만은 이란과 중동에서 가장 가까운 나라이고, 미국과는 19세기 이후 오랜 경제 외교 관계를 유지 해왔다. 이를 바탕으로 양국 협상을 중재해 국제적 위상을 높였다. 1954년 이맘의 반란 이후 사우디아라비아와 좋은 관계는 아니었지만, 사우디아라 비아가 이란을 견제하기 위해 창설한 걸프협력기구GCC에도 가입했다. 덕 분에 중동 내에서도 안정적인 위치를 확보한다. 그리고 이같은 외교적 성 과를 앞세워 국내 지지기반을 강화했다. 독재 군주이면서 1996년 노벨평 화상 후보에 오를 수 있었던 것도 그 덕분이다.

---

28. AFP, "Sultan back in Oman after 'successful' Treatment", 2015.03.23., http://news.
yahoo.com/sultan-back-oman-successful-treatment-tv-164030518.html

1970년 카부스가 쿠테타를 일으킨 명분은 사이드 술탄의 독재와 쇄국 정치를 개혁하기 위해서였지만, 결국 그 자신이 가장 강력한 독재체제를 구축한 셈이다.

예술에 조예가 깊은 카부스

독재자 카부스 술탄이 클래식 음악 애호가인 점도 흥미롭다. 즉위 이후 로열오만심포니오케스트라를 설립하고 대규모 오페라 하우스 설립을 추진할 정도다. 히틀러 등 독재자들도 예술에 조예가 깊었다는 점에서 닮았다. 클래식 음악에 대한 사랑은 그의 이중적인 면모를 잘 나타내는 또 다른 부분이다. 인도양을 호령하던 가문 출신답게 카부스 술탄은 요트 애호가이기도 하다.

해안도시가 발달한 오만 국민들은 수상스키, 윈드서핑, 요트 등 다양한 해변 활동을 즐긴다. 그중에서도 상류층은 요트를 즐긴다. 카부스 국왕은 개인적으로 요트 여덟 척을 소유하고 있다. 그가 좋아하는 '알 사이드' 요트는 세계에서 네 번째로 큰 요트로, 독일 조선사가 '해바라기'라는 프로젝트명으로 특별히 건조했다. 카부스는 요트를 전달받은 당일 오케스트라 행사를 열기도 했다.

카부스에 남은 숙제

카부스에게 남은 숙제는 후계다. 카부스에게는 아들도, 형제도 없다. 2014년 카부스 술탄이 항암치료를 위해 해외로 떠나며 "후보자 두 명을 지목했다"고 밝혔을 뿐이다. 다만 미국은 카부스의 삼촌인 타리크 빈 타이무르의 손자를 유력한 후보자로 보고 있다. 타리크 전 총리는 1970년 쿠테타의 공신으로 왕족들이 요직에서 배제됐을 때도 그의 자손들은 예외로 권력에 접근이 허용됐다.

인고의 세월, 타리크가는 대권을 잡을까?

타리크 빈 타이무르 알 사이드는 사이드 술탄의 이복동생이다. 사이드 술탄 때에는 동생 파하르와 함께 쥐죽은 듯 지내야 했다. 타리크 본인은 1958년 서독으로 망명해 건축 및 도시개발 사업으로 10년을 보내기도 했다. 망명 중 사이드 술탄을 적극적으로 비판했던 타리크는 1970년 카부스 술탄의 쿠테타를 도우며 권력의 핵심에 진입한다. 그는 왕위에 욕심을 내지는 않았다. 대신 의원내각제를 추진했다. 술탄의 권력을 제한하기 위해서다.[29]

카부스의 경제 정책의 숨은 공로자

하지만 신임 카부스 술탄의 권력 의지는 청출어람이었다. 국가의 모든 권력을 자신에게 집중시켰다. 영국도 카부스를 지원했다. 타리크는 다시 인고의 세월을 보냈다. 총리와 국방부 차관을 겸하게 된 타리크는 오만 경제 개발에 집중했다. 무스카트와 니즈와 도시개발 계획을 직접 세웠고, 석유로부터 얻은 재원을 복지에 적극 분배했다. 카부스 술탄의 경제 정책은

---

29. Basmah Al-Kiyumi, "The Omani Constitution: A Critical Analysis", University of Manchester, 2011

사실 거의 모두가 타리크의 작품이다.[30]

정치에서도 적잖은 성과를 냈다. 타리크는 일찌감치 1967년과 1970년에 이복형과 이복 조카에게 각각 헌법 제정을 권유했다. 그러나 모두 실패로 돌아갔다.[31] 하지만 총리로 활약하며 카부스의 신임을 얻은 타리크는 슈라위원회에 여성 대표를 기용하는 등 개혁적인 법안을 만들어냈다. 민주정치의 꿈을 품었던 타리크는 카부스뿐만 아니라 미국에서도 눈여겨본 차기 왕위 후보자였다.

타리크의 아들들

실제 타리크는 카부스 술탄에게도 후계자로 지명됐지만 1980년 사망하면서 끝내 2인자로 남는다.[32] 하지만 그의 아들이 술탄이 될 가능성은 아직 남아 있다. 위키리크스에 유출된 미 국무부 자료에서 게리 그라포 오만 주재 미국 대사는 차기 술탄 후보로 타리크의 후손이 유력하다고 분석했다. 일단 아들은 술탄 대변인인 아사드 빈 타리크 알 사이드, 퇴역 군인인 쉬하브, 그리고 문화부 장관 하이쌈 등이다. 이들은 정부는 물론 재계에서도 막강한 영향력을 행사하고 있다.

하지만 이들 모두 능력은 아버지인 타리크에, 카리스마는 카부스 술탄에 못 미친다는 평가다. 이 때문에 그라포 대사는 타리크의 장손인 타이무르 빈 아사드 빈 타리크 알 사이드가 후계자로 지목될 가능성이 높다고

---

30. Basmah Al-Kiyumi, 2011
31. Basmah Al-Kiyumi, 2011
32. Basmah Al-Kiyumi, 2011

예상했다.[33]

타이무르는 현재 국제 행사 및 의전 업무를 담당하는 오만 조사위원회 위원으로, 국제 수학 경시대회 등 다양한 국제 행사를 주최했다. 특히 오만 3대 금융기관 중 하나로, 국민들의 복지금을 분배하고 석유 자본을 재투자하는 도파르 은행의 상임이사를 맡고 있다. 돈줄을 잡고 있어 여론의 지지도도 높다.

게다가 타이무르는 뛰어난 두뇌를 자랑한다. 오만에서도 영재들만 간다는 무스카트 국제 학교에서 중등 교육을 마치고 영국에서 유학했다. 프랑스어, 영어 등 외국어에 능하다. 성격은 소탈하며 술을 싫어하고 밤 문화를 즐기지 않아 오만 왕실의 모범으로도 꼽힌다.[34] 카부스의 신임도 두텁다.

보통 왕족의 결혼식에 술탄은 참석하지 않는다. 하지만 이복 조카인 타이무르의 결혼식에는 카부스 술탄이 참석했고, 축하 행사도 지원했다. 덕분에 타이무르는 오만에서 술탄 카부스 다음으로 가장 큰 결혼식을 치렀다. 현재 타이무르는 해상 무역 중심지인 소하르의 부동산 개발 사업에 전념하고 있는 것으로 알려져 있다.

하지만 당분간 카부스의 치세는 계속될 전망이다. 2015년 봄 카부스 술탄은 독일에서 치료를 받고 8개월 만에 귀국했다. 그는 전용 항공기에서 내려와 레드 카펫 위를 직접 걸으며 건재를 과시했다. 오만 왕실도 치료가 성공적이어서 완쾌해 귀국했다고 전했다.

현행 1996년 제정·공포한 오만의 기본법(헌법에 해당)에서 왕권 유고

---

33. 주오만 미국대사관의 Gary A. Grappo 대사가 2007년 미국 국무부에 전달한 밀서인 "The Royal Guessing Game: The Next Generation" 중

34. Grappo 대사의 밀서 발췌

시 사흘 이내에 왕가 회의인 통치가문위원회에서 후계자를 책봉하도록 정하고 있다.

앞으로 카부스 술탄이 얼마나 타이무르에게 실권을 맡길지, 그리고 타이무르가 그 과정에서 얼마나 왕실 구성원들의 신임을 얻을지가 관건인 셈이다.

국기	개요	
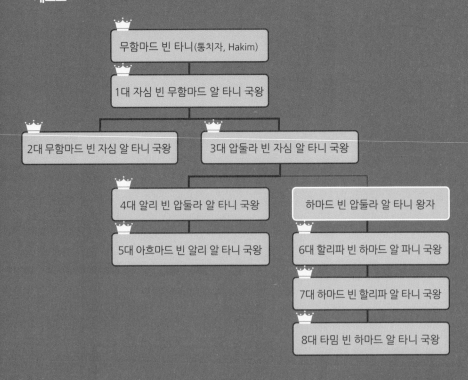	국왕	타밈 빈 하마드 알 타니
	왕가명	타니
	수도	도하
왕실 문장	면적	1만 1,586km²
	인구	약 215만 명
	1인당 GDP	7만 8,829달러
	언어	아랍어
	주요 종교	이슬람교(수니파)

: **계보도**

무함마드 빈 타니(통치자, Hakim)

1대 자심 빈 무함마드 알 타니 국왕

2대 무함마드 빈 자심 알 타니 국왕

3대 압둘라 빈 자심 알 타니 국왕

4대 알리 빈 압둘라 알 타니 국왕

하마드 빈 압둘라 알 타니 왕자

5대 아흐마드 빈 알리 알 타니 국왕

6대 할리파 빈 하마드 알 파니 국왕

7대 하마드 빈 할리파 알 타니 국왕

8대 타밈 빈 하마드 알 타니 국왕

카타르

33세의 젊은 국왕, 세계적 강소국에 도전하다

2013년 중동의 부국 카타르에 33세의 젊은 왕이 즉위했다. 선왕이 붕어한 것도 아니다. 형도 있었다. 세계에서 가장 젊은 이 국왕은 이후 카타르를 전 세계 외교 무대에 강소국으로 각인시킨다.

타밈 빈 하마드 알 타니 국왕은 하마드 빈 할리파 전 국왕과 둘째 부인인 모자 빈트 나세르 알 미스네드 왕비의 둘째 아들이다. 1996년 왕세자로 책봉된 친형 자심 빈 하마드가 왕위 계승권을 포기하면서 2003년에 왕세자가 됐다.

카타르의 위상을 높이기 위한 노력

33세의 젊은 국왕은 즉위와 함께 전 세계를 돌며 카타르의 위상을 높였

타밈 국왕(오른쪽)과 선왕인 아버지 하마드

다. 즉위 4개월 만에 걸프 각국을 순방했고, 2014년엔 이슬람국가IS 공습을 위한 미군 중부사령부의 전진기지로 알우데이드 공군기지를 제공하며 우의를 다졌다. 2014년 11월에는 한국을 찾았고, 2015년 5월에는 사우디아라비아 살만 국왕이 불참한 걸프협력회의GCC 정상회담을 위해 미국을 방문해 오바마 대통령을 만났다.

종교적으로는 수니파로 전통적 가치를 중시하고 원리주의를 중시하는 이집트 무슬림형제단을 지지하고 있다. 시리아 내전에서 반군을 돕고 있으며 사우디아라비아와 함께 예멘 내전에도 개입하면서 중동 강소국으로서의 영향력을 착실히 늘려가고 있다.

영국 BBC 방송은 아버지인 하마드 국왕보다 더 보수적이며 위험 회피 성향이 강하다고 전했다. 영국《파이낸셜타임스FT》는 그의 즉위 당시 '요령 넘치고 신중하고 계산적인' 인물로, 실용주의자이며 미국과 프랑스 등 서방국가들과도 좋은 관계를 맺기 위해 노력하고 있다고 묘사했다.

타밈 국왕은 통치 외교에 앞서 스포츠 외교에서 이미 경험을 쌓았다. 2006년 도하 아시안게임 유치위원장으로 대회를 유치했고, 2014년 세계 수영선수권대회와 2022년 카타르 월드컵 유치까지 이끌었다. 국제올림픽위원회IOC 위원과 카타르 올림픽 위원회 의장을 맡으면서 2020년 올림픽 개최에 도전하기도 했다.

하마드 전 국왕의 업적

타밈 국왕의 대외적인 성과에는 부친인 하마드 전 국왕의 업적이 바탕이 됐다. 하마드 전 국왕은 왕세자 시절인 1995년 부친인 할리파 빈 하마드 국왕이 스위스에 머문 틈을 타 무혈 쿠데타로 왕위에 오른다. 하마드 국왕은 즉위 후 빠른 속도로 카타르를 경제대국으로 키웠다. 즉위하던 해, 국제통화기금IMF 기준으로 카타르의 구매력평가PPP 반영 1인당 국내총생산GDP는 5만 5,561달러였으나, 퇴임한 2013년엔 14만 1,851달러로 세 배가까이 증가했다.

2005년까지 오일머니로 부를 축적한 하마드 국왕은 석유에 대한 의존도를 낮추기 위해 카타르투자청QIA을 설립해 각국의 기업과 부동산을 공격적으로 사들이기 시작했다. 또 대외 이미지 개선을 위해 각종 국제행사를 유치한다.

미국과의 관계에도 공을 들였다. 카타르 왕실이 1996년에 개국한 알자지라 방송국은 시방에 아랍의 목소리를 전하는 창구로 자리 잡았다. 카타르 왕실은 꾸준히 알자지라를 후원하면서 중동에서 가장 영향력 있는 언론으로 주목받았고 전 세계 80개국에 지국을 두는 매체로 성장했다. 2013년엔 미국에서 알자지라 아메리카 방송국을 개국하기에 이르렀다.

카타르 왕실의 영향으로 주로 이슬람 원리주의와 무슬림형제단, 친수니, 반시아파적 관점에서 사안을 다룬다는 지적이 있기도 하나, 이스라엘의 관심이나 이란의 관심을 반영하기도 한다는 입장이다. 알자지라는 오사마 빈 라덴의 방송을 내보내기도 했다.

하마드 국왕은 2005년 허리케인 카트리나가 뉴올리언스를 휩쓸자 1억 달러(약 1,104억 5,000만 원)를 기부해 환심을 샀다. 다른 아랍 국가들과는 달리 이스라엘과 친밀한 관계를 맺었으며, 국가 수반으로는 처음으로 팔레스타인 가자지구를 방문했다.

다만 2022년 월드컵 유치 과정에서 비리 의혹과 경기장 건설 과정의 노동자 인권문제 등에서는 오점을 남겼다는 평가가 있다.

미술계 큰손 중의 큰손, 아랍의 메디치 가문

'21세기 메디치가'는 카타르 왕실을 표현하는 또 다른 말이다. 자원 개발뿐 아니라 기업, 교육과 문화 등 다양한 분야에 투자하고 있는 카타르 왕실이지만 특히 관심이 많은 분야는 미술이다. 지난 20년간 전 세계의 미술품을 수집해온 카타르 왕실은 2030년 세계적인 박물관을 건립해 전시회를 개최하겠다는 계획을 세워두고 있다.

미국 《뉴욕타임스》는 "카타르 왕실은 16세기 메디치 가문과 같다"는 한 미술 관계자의 말을 인용해 미술 분야에서 차지하고 있는 비중을 소개했다.

카타르 박물관청의 이슬람 미술박물관

2011년《예술신문》은 카타르 왕실이 세계 최대 미술품 구매자라고 평가했다. 다른 한 관계자는 카타르가 110억 달러(약 12조 1,495억 원)에 달하는 중동 미술품 시장의 25퍼센트를 차지한다고 주장하기도 했다.

미술품 구매는 주로 2005년 설립된 카타르 박물관청QMA에 의해 이뤄진다. 경제 전문지《포브스》는 이곳의 연간 예산이 2억 5,000만 달러(약 2,761억 2,500만 원)에 달할 것으로 추산했다.

카타르 왕실이 모으고 있는 미술품들은 매우 다양하다. 유리, 카페트, 코란, 희귀 서적 등 고서적, 18세기 프랑스 가구 등 골동품들을 비롯해, 폴 세잔의 〈카드놀이하는 사람들The Card Players〉, 프란시스 베이컨의 〈이노센트 X의 습작Study from Innocent X〉, 데미안 허스트의 〈봄의 자장가Lullaby Spring〉 등의 명화들을 매입했다. 제프 쿤스, 무라카미 다카시, 루이즈 부르주아, 리처드 세라, 마크 로스코 등 유명 작가들의 작품들도 손에 넣어왔다. 2012년《이코노미스트》는 지난 7년간 카타르 왕실이 서양 예술품을 구매하는 데 10억 달러를(약 1조 1,045억 원) 쏟은 것으로 추산했다.

유럽 외에 중동, 아프리카 작가들의 작품들도 왕실의 수집 목록에 올라 있다. 2003년엔 만 레이의 작품사진 등을 포함한 사진 콜렉션을 56만 5,250파운드(약 8억 1,155만 원)에 구매해 당시로선 최고가를 기록하기도 했다.

왕실 가족 중엔 하산 빈 무함마드 빈 알리 알 타니가 가장 많은 콜렉션을 가진 것으로 알려져 있다. 1980년대 중반 카타르대학교에서 미술학을 전공한 그는 20세기 아랍 미술에 조예가 깊으며 약 6,300여 점의 미술품을 보유한 것으로 전해졌다.

하마드 전 국왕의 사촌인 사우드 빈 무함마드 알 타니도 이름난 수집가다.

히잡 벗은 여걸들, 교육·문화·예술을 주무르다

보통 중동에서 여성의 사회활동은 거의 인정되지 않는다. 왕실 여성이라고 해도 상당한 제약을 받는다. 하지만 카타르 왕실의 여성들은 남성 못지않게 두각을 나타내고 있다.

카타르의 힐러리, 모자 왕비

하마드 국왕의 두 번째 왕비인 모자 빈트 나세르 알 미스네드가 대표적이다. 그는 '카타르의 힐러리 클린턴'이라고 불리며 지난 1995년부터 교육과 과학, 지역사회 개발을 위한 비영리기구인 카타르재단 회장을 맡고 있

(왼쪽부터)모자 빈트 나세르 알 미스네드 왕비, 알 마야사 빈트 하마드 알 타니, 힌드 빈트 하마드 알 타니 공주

다. 이 재단의 중점 사업은 교육 도시 건설 등이다.

모자 왕비는 또 2009년부터 2014년까지 최고보건위원회 부의장을 맡았으며, 2006~2012년엔 최고교육위원회 부의장을 역임했다. 2003년엔 유네스코 초등 및 고등교육을 위한 특별담당관으로 활동하기도 했다.

대한무역투자공사KOTRA는 모자 왕비의 대외활동은 카타르에서도 전례가 없던 일로, 국왕 다음으로 중요한 역할을 수행했다는 평가를 내리고 있다. 여성의 권리 신장에 앞장서 여성 자가운전 허용, 여성보호센터 설치 등의 활동도 벌인 것으로 알려졌다.《포브스》는 그녀를 '세계에서 가장 영향력 있는 여성'으로 선정하기도 했다.

2013년 넷째 아들인 타밈 빈 하마드 알 타니 국왕이 즉위한 직후에는 왕권에 힘을 실어주기 위해 활동을 자제했으나, 최근 서서히 예전처럼 활동을 재개하고 있는 것으로 알려졌다.

그는 2015년 7월 영국《파이낸셜타임스》와의 인터뷰에서 "나는 교육을 받고 대중의 삶을 살 수 있도록 허락받은 사람으로, 히잡을 썼다거나 왕의 두 번째 아내라는 점은 내가 하는 일들을 막지 못한다"며 "다른 아내들을 존중하고 다른 여성의 아이들도 나의 아이들과 같다"며 여성과 아동 인권 보호에 대한 의지를 드러냈다.

카타르 안팎에서 활약하는 공주들

타밈 국왕의 여동생인 알 마야사 빈트 하마드 알 타니 역시 카타르 왕실을 이끄는 여걸이다. 하마드 전 국왕의 열네 번째 자녀인 그는 미국 듀크대학에서 미술과 정치학을 전공한 수재로 아랍어뿐 아니라 영어와 프랑스어에도 능통하다. 알 마야샤는 카타르 박물관장으로 왕실의 미술품 관리를 도맡고 있다. 데미안 허스트, 앤디 워홀, 마크 로스코 등의 작품을 포함해 전 세계에서 각종 미술품을 사들이고 있으며 카타르를 중동 문화의 중심지로 탈바꿈시키는 데 힘쓰고 있다. 아울러 도하Doha 영화연구소의 회장으로 《포브스》와 시사 주간지 《타임》지가 뽑은 예술 분야의 가장 영향력 있는 여성이다.

힌드 빈트 하마드 알 타니 공주도 교육 분야에 관심이 많다. 그는 타밈 국왕의 누나로 하마드 국왕과 모자 왕비 사이에서 난 세 번째 자녀다. 어머니를 도와 카타르재단 부회장으로 있다. 2014년 3월에는 카타르의 첫번째 교육 관련 비정부기구인 '카타르를위한교육TFQ'을 출범시켰다.

힌드 공주 역시 듀크대학을 졸업했으며 선왕 대에는 정책 수립에 도움을 주면서 자문 역할을 했던 것으로 전해졌다.

카타르의 살림을 책임지는 카타르투자청

카타르 경제에서 빼놓을 수 없는 것이 약 3,000억 달러(약 331조 3,500억 원)의 자금을 운용하는 카타르투자청QIA이다. 왕실 수입은 물론 국가 경제에 미치는 영향력도 어마어마하다.

요직은 왕과 왕족들이 차지하고 있다. 하마드 전 국왕이 이사회 의장이며 부의장은 카타르 총리를 역임한 아흐메드 빈 자심 빈 무함마드 알 타니로, 그는 초대 하킴(통치자)이었던 자심 빈 무함마드 알 타니의 후손이다.

이사회는 투자 정책과 규제 등을 밀착 감독하고 주요 결정 등을 검토, 승인하며 실적 평가와 경영진 선임 등의 권한을 가진다. 사실상 왕실펀드다.

CEO는 2014년 취임한 압둘라 빈 무함마드 알 타니로 투자 전략과 실행에 대한 책임을 진다. 2013년 타밈 빈 하마드 알 타니 국왕이 즉위하면서 CEO로 임명됐다. 취임 전에는 통신회사인 걸프텔레콤 회장을 맡고 있었다.

카타르투자청은 2005년 하마드 전 국왕이 설립했는데, 예전에는 카타르 재무부의 재정 흑자를 바탕으로 투자 활동을 벌이는 국가 조직이 있었다. 카타르투자청의 설립 목적은 카타르 경제의 에너지 의존도를 줄이고 다양한 분야에 투자해 위험을 줄이기 위해서다. 자회사로는 카타르홀딩스와 부동산 투자회사인 카타르디아르가 있다.

정확한 자산 규모는 알려져 있지 않으나 약 3,000억 달러 수준으로 추산되고 있으며 세계에서 아홉 번째로 큰 국부펀드로 알려져 있다.

2013년 한 자료는 영국에 300억 유로(약 37조 1,028억 원), 프랑스에 100억 유로(약 12조 3,676억 원), 독일에 50억 유로(약 6조 1,838억 원) 등을 투자했다고 추정했고, 한 언론 보도는 유럽에 투자한 자산만 1,000억 달러(약 110조 4,500원)라고 전했다.

카타르홀딩스가 보유한 영국 투자은행 바클레이스 지분은 12.7퍼센트, 카타르투자청이 가진 폭스바겐 지분은 17퍼센트로 알려졌다. 이밖에 독일의 자동차 업체 포르쉐, 프랑스의 종합화학 업체 토탈Total, 항공우주 업체 EADS, 종합건설 업체 빈치 등을 비롯해, 프랑스 에너지 기업 GDF수에즈, 비벤디, 프랑스텔레콤, 원자재 업체인 엑스트라타 등의 지분을 갖고 있다. 영국의 헤로즈 백화점, 프랑스 축구팀 파리생제르망의 소유주이기도 하다.

중국 국영 중국국제신탁투자공사CITIC와 함께 2014년 공동으로 100억 달러(약 11조 450억 원)의 기금을 조성해 중국 투자에도 나설 계획이다. 2015년 9월에는 향후 5년간 미국에 350억 달러(약 38조 6,575억 원)를 투자하는 사업도 시작했다.

그러나 카타르투자청은 최근 폭스바겐의 배출가스 저감장치 조작 스캔들과 원자재 시장 침체 등으로 2015년 3분기에만 120억 달러(약 13조 2,540억 원)의 장부상 손실을 입은 것으로 전해졌다.

영국 《파이낸셜타임스》는 폭스바겐 사태로 85억 1,000만 달러(약 9조 3,992억 9,500만 원)의 손실을 봤고, 원자재 가격 하락으로 글렌코어에서 27억 달러(약 2조 9,821억 5,000만 원)를, 유럽 에너지 기업 로열더치쉘에서 5억 달러(약 5,522억 5,000만 원)를 잃었다고 보도했다. 바클레이스와 지멘스 등에서도 장부상 손실이 있었다고 덧붙였다.

영국 보호령의 한恨을 풀다

카타르 왕실은 영국 런던 부동산에 유난히 관심이 크다. 글로벌 부동산 시장 가운데 투자 열기가 가장 활발한 곳 중 하나이기도 하지만, 오랜 기간 영국 보호령 아래 있었던 인연도 깊다. 런던의 200만 파운드(약 28억 7,148만 원) 이상 주택 30채 중 한 채가 카타르 왕실 소유라는 추측도 있다.

카타르 왕실은 2015년 5월 런던 중부의 마운트스트리트에 위치한 6층 건물을 매입했다. 가격은 470만 파운드(약 83억 원)로 2015년 런던 부동산 거래 가운데 가장 비싸게 팔린 집 중 하나로 알려졌다.

2013년엔 리젠트파크 인근의 콘월 테라스 맨션 세 채를 매입해 개조를 시도했으나 지역 당국에 의해 저지당했다. 당시 매입 가격은 1억 2,000만 파운드(약 1,722억 8,880만 원) 현재는 그 가치가 2억 파운드(약 2,871억 4,800만 원)로 뛰었을 것으로 예상된다.

(왼쪽부터)영국 최고층 건물 샤드, 런던의 해러즈 백화점

영국《데일리메일》은 모자 왕비가 건축가와 변호사를 고용해 이 저택들을 3만 3,000평방피트 넓이의 궁전으로 개조하려 했다고 전했다. 지상 3층 높이의 이 건물에는 시가 라운지, 리셉션룸, 수영장과 헤어살롱, 체육관을 비롯해 아이들 방과 집사, 유모들의 방까지 모두 열일곱 개 방을 갖춘 런던 도심 속 카타르 왕궁이 될 뻔했다. 그러나 웨스트민스터 자치시 정부가 이 같은 계획을 불허하면서 백지화됐다.

영국 최고층 건물인 샤드Shard 역시 지분 95퍼센트가 카타르 왕실 소유다. 런던에서 가장 비싼 아파트 건물 가운데 하나인 원하이드파크의 절반가량을 갖고 있으며, 카타르 국영 부동산 투자 회사인 카타르 디알Diar은 올림픽 빌리지를 개발했다. 올림픽 빌리지의 매입 대금은 5억 5,700만 파운드(약 7,997억 718만 원)였다.

카타르투자청은 2010년 런던의 유명 백화점 해러즈도 15억 파운드(약 2조 1,536억 1,000만 원)에 매입했다.

2015년 1월엔 한국의 국민연금이 금융 중심지 카나리 워프의 HSBC 은행 본사를 카타르투자청에 12억 파운드(약 1조 7,228억 8,800만 원)에 팔았다.

중흥 이룬 풍운아 칼리파 전 국왕 서거

2016년 10월 23일 카타르 전 국왕 셰리크 칼리파 빈 하마드 알타니가 84세를 일기로 숨을 거뒀다.

그는 타밈 빈 하마드 알타니 현 국왕의 조부다.

칼리파 국왕은 1972년 사촌을 축출하고 왕위에 올랐다. 1971년 카타르가 영국으로부터 독립한 후 첫 국왕이었다. 23년의 재임 기간 동안 카타르는 석유 부국으로 성장했다. 그는 또 걸프 만 6개국 정상들이 경제 및 안보를 논의하는 걸프협력회의를 창설하는 등 카타르를 중동 지역 강국의 위치로 올려놓는 데 일조했다.

그러나 1995년 스위스에서 휴가를 보내던 중 그의 아들 하마드 빈 칼리파 알타니 전 국왕이 무혈 쿠데타를 일으켜 권좌에서 물러났다. 이후 그는 프랑스에서 망명 생활을 한 뒤 2004년 카타르로 돌아와 조용히 여생을 보냈다.

국기	개요	
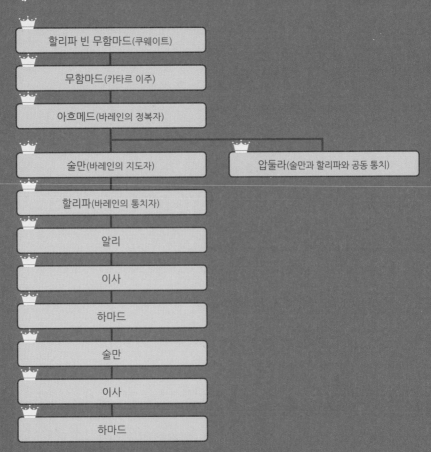	국왕	하마드 빈 이사 알 할리파
	왕가명	할리파
	수도	마나마
왕실 문장	면적	760km²
	인구	약 131만 명
	1인당 GDP	2만 3,899달러
	언어	아랍어, 영어
	주요 종교	이슬람교(수니파 25%, 시아파 60%)

: 계보도

할리파 빈 무함마드(쿠웨이트)

무함마드(카타르 이주)

아흐메드(바레인의 정복자)

술만(바레인의 지도자)　　　압둘라(술만과 할리파와 공동 통치)

할리파(바레인의 통치자)

알리

이사

하마드

술만

이사

하마드

바레인

권모술수의 달인들

150년 가까이 영국의 영향력에 순종했던 알 할리파 왕실이지만 내부 권력에 대한 집착은 강력하다.

계산된 정치적 전술

1971년 영국에서 독립할 당시 바레인은 아랍에미리트와 합쳐질 뻔했다. 하지만 당시 군주였던 이사 빈 살만 알 할리파는 카타르와 함께 이를 거부한다. 대신 그는 의회를 설치하고 입헌군주제를 실시하며 독립국으로서의 지위를 지킨다. 하지만 이는 고도로 계산된 정치적 전술이었다. 독립한 지 4년 만인 1975년 이사 국왕은 국가 안보법에 반대했다는 이유로 의회를 해산하고 전제정치를 펼친다.

이사 빈 살만 알 할리파 국왕(위)
하마드 빈 이사 알 할리파 국왕(아래)

하지만 1990년대 들어 바레인에선 개혁을 요구하는 시위가 끊이지 않았다. 소수의 수니파 왕실에 대항하는 다수의 시아파 세력, 자유주의자, 좌파, 이슬람 원리주의자들이 합세해 시위를 주도했다. 이때 일어난 바레인 시민운동을 '인티파다민중봉기'라고 부른다. 이는 팔레스타인의 반이스라엘 봉기로 알려져 있지만, 원래는 봉기·반란·각성을 뜻하는 아랍어다. 1994년 대규모 시위, 1995년 쇼핑몰 폭탄 테러, 1996년 호텔 폭탄테러 등이 잇따르면서 바레인은 극도의 혼란을 겪었다.

지금도 끝나지 않은 아랍의 봄

1999년 3월 하마드 빈 이사 알 할리파 국왕이 즉위했다. 신임 국왕은 즉위 초 대사면령을 내리고, 2001년 의회를 재소집하는 국민투표를 붙이며 민심을 얻었다. 국민들은 98퍼센트가 넘는 찬성으로 환호했다. 하지만 이 역시 하마드 국왕의 이벤트였음이 드러났다.

2002년 소집된 의회는 절반을 국왕이 임명했다. 군 통수권과 관료 임명권까지 모두 왕이 가졌다. 허수아비 의회였던 것이다. 전제정치 체제에서 총리로서 국정을 총괄하던 삼촌(이사 국왕의 동생)을 의회를 통해 견제하면서 왕권만 더 강해졌다. 의회 소집과 함께 하마드 국왕은 내각에 대한 인사권을 완전히 장악한다.

이는 이 해 하마드 국왕 스스로에게 '아미르Amir' 대신 '말리크Malik'라는 호칭을 붙인 데서도 알 수 있다. 스스로의 신분을 '군주'에서 '왕'으로 격상시킨 셈이다. 상당한 자신감을 엿볼 수 있다.

하지만 하마드 국왕의 권위는 채 10년이 가지 않아 다시 도전을 받는다. 튀니지에서 시작된 '아랍의 봄'의 물결이 2011년 2월 바레인에도 찾아왔다.

시위는 처음엔 평화적으로 진행되다, 경찰의 진압으로 네 명의 시위대가 숨지면서 격화됐다. 시위대 규모는 15만 명까지 늘어났고 하마드 국왕은 3개월의 국가 비상사태를 선언하고 사우디아라비아 주도의 걸프협력회의GCC 군대를 요청했다.

전체 인구의 10퍼센트에 가까운 10만 명이 참가한 대규모 시위는 2012년 3월에도 이어졌다. 이해 4월까지 숨진 이들은 80명, 체

10만 명의 군중이 운집해 벌인 시위인 아랍의 봄

포된 이들은 약 3,000명이다. 다섯 명은 고문으로 숨진 것으로 전해졌다.

소수 지배층 수니파와 다수 피지배층 시아파의 충돌로 바레인은 오랜 기간 세계 인권단체로부터 비판을 받아왔다. 국제인권단체인 휴먼라이츠워치 HRW는 2010년까지 고문이 일상적으로 행해지는 바레인의 인권에 '형편없다'는 평가를 내리기도 했다. 바레인 내 주요 인권단체의 소셜미디어 차단, 언론에 대한 검열 등도 논란이 되고 있다.

외교 전문지 《포린폴리시》는 2011년 하마드 국왕을 '미국의 불쾌한 우방' 여덟 명 중 3위에 랭크시키며 '미국이 지원하는 나쁜 놈 중 하나'라고 표현하기까지 했다.

2015년 2월에는 아랍의 봄 4주년을 기념하는 시위가 벌어지기도 했다. 바레인의 아랍의 봄은 끝나지 않은 채 지금도 계속 진행 중이다.

하지만 바레인의 차기 지도자에 희망을 갖는 목소리도 있다. 2011년 영국 BBC는 할리파 가문 내부 관계자를 인용해 아랍의 봄 당시 할리파 빈 살만 총리는 매파적인 성향을 보인 반면, 살만 왕세자는 비둘기파 성향을 보였다고 전했다.

학자풍의 살만 왕세자는 장학재단을 설립해 바레인이 인재 양성을 후원하고 있다. 주로 경제 관련 일을 맡은 살만 왕세자는 해외 자본 유치 임무도 담당해 세계의 목소리를 중시하는 것으로 알려졌다.

영국에서 미국으로, 호가호위의 처세

강대국의 힘에 기대 지역 내에서 정치적 위상을 인정받는 것은 중동의 작은 나라 왕실의 공통점이다. 그 가운데서도 바레인 왕실은 특히 호가호위狐假虎威 처세에 능하다. 민주 요구를 묵살하고 전제정치를 강행하고 있으면서도, 민주주의의 탄생지와 모범 국가인 영국과 미국의 절친인 점이 아이러니다.

영국의 힘으로 탄생한 바레인

오늘날 바레인 왕국 탄생은 사실상 영국의 힘이다. 상인이던 알 할리파 가문이 바레인 땅의 합법적인 통치자가 된 것은 1820년 영국과 '일반평화조약'을 맺으면서다. 1861년에는 '영구평화우호조약'을 체결하고 아예 영국의 보호령이 된다. 덕분에 이집트, 오만, 사우디아라비아, 이란 등 주변의 덩치 국가들은 바레인 땅을 넘보지 못한다.

영국으로서는 중동 지역 소국小國의 입지를 지켜주는 동시에 강대한 국가의 탄생을 견제할 수 있었다. 제2차 세계대전 때 영국은 이탈리아의 바레인 침공을 막아내며 독일 등 동맹국의 에너지 수급에 막대한 타격을 입힐 수 있었다.

오늘날 바레인의 기본적인 골격을 만든 것도 영국이다. 1926년부터 1957년까지 무려 31년간 바레인의 최고 행정관Chief Administrator을 역임한 영국인 찰스 달림플 벨그레이브경은 민형사 사법체계를 만들고 경찰 기능을 구성하고 이들을 훈련시켰으며 대중화된 교육을 도입하는 데 힘썼다. 지방 분권화, 석유 탐사에도 공헌했다. 중동지역 여학교도 1928년에 처음으로 설립됐고 노예제도 폐지됐다. 전화, 신문, 영화관, 방송국 등이 들어온 때도 이때다. 영국의 힘 덕분에 소수의 시아파 왕실과 귀족들은 다수의 수니파 국민들을 별 탈 없이 동치할 수 있었다.

영국 왕실과 친밀한 바레인 왕실

바레인 왕실은 대부분 영국에서 유학했고 영국 왕실과도 친밀하다. 2005년 영국 찰스 왕세자가 카밀라 파커 볼스와 재혼할 때 중동의 군주들 가운데 유일하게 모습을 드러낸 이가 하마드 빈 이사 알 할리파 국왕이다. 다른 중동 국가들은 왕자나 공주 들을 보냈다. 하마드 국왕은 2011년 영국 윌리엄 왕세손과 케이트 미들턴 왕세손비의 결혼식에도 초청받았지만 당시 아랍의 봄으로 반정부 시위가 격화되면서 부득이하게 불참했다. 2012년 5월엔 윈저성에서 있었던 엘리자베스 2세 영국 여왕의 즉위 60주년을 기념하는 비공식 오찬에도 참석할 것이란 소식이 있었으나 반정부 시위를 무력 진압한 데 대한 반대 시위로 방영이 좌절됐다.

마나마 영국 해군기지 유치에 첫 삽을 뜨고 있는 필립 해먼드 영국 외무부 장관과 칼리드 빈 하마드 바레인 외무부 장관

하마드 국왕도 영국 서리 Surrey에 있는 애플가스 칼리지에 진학했고 이후 케임브리지에 있는 리즈학교Leys School에 다녔다. 이후 햄프셔의 엘더숏에 있는 몬스 사관학교에 다니면서 군사훈련을 받았고 1968년 졸업을 했다. 사관학교 졸업 후에는 영국군 장교

로도 복무했다. 하마드 국왕의 아들인 살만 빈 하마드 빈 이사 알 할리파 왕세자도 영국에서 박사 학위를 받았다.

2015년 11월에는 마나마에 영국 해군기지를 새로 건설하기로 하고 칼리드 빈 하마드 바레인 외무부 장관과 필립 해먼드 영국 외무부 장관이 그 첫 삽을 뜨기도 했다.

미국에 의지하기 시작한 바레인

오랜 기간 영국에 기댄 바레인이지만, 제2차 세계대전 이후에는 새로운 질서인 미국에 의지하기 시작한다. 하마드 국왕은 영국에서 독립한 이듬 해인 1972년 왕세자의 신분으로 미국 군사학교에서 수학한다. 살만 왕세자도 대학 학부는 워싱턴 D.C. 아메리카대학 출신이다.

미국과의 친분은 중동 내 최대 친미 국가인 사우디아라비아와의 깊은 관계에서도 확인된다. 2011년 아랍의 봄 시위가 격화되자 사우디군 1,000여 명이 바레인에 파견됐다. 친미 국가인 쿠웨이트 역시 500여 명의 경찰을 보내 바레인의 치안을 담당하였다.

외교 전문지 《포린폴리시》가 2011년 반정부 시위 폭력을 진압한 하마드 국왕을 '미국의 불쾌한 우방' 여덟 명 중 3위에 바레인을 올린 것은 그만큼 양국관계가 돈독함을 드러내는 반증이다.

진주 캐던 상인에서 석유 부호 왕실로

알 할리파 가문이 바레인 역사에서 처음 모습을 드러낸 것은 18세기 중반이다. 할리파 가문은 아랍 종족 연맹체인 바니우트바Bani Utbah를 계승한 수니파 상인 가문의 하나였으며, 1766년 본거지인 쿠웨이트에서 알주바라(지금의 카타르) 지역으로 이주했다.

당시 카타르 지역은 황무지에 가까웠으나 진주가 많이 생산됐다. 1783년 할리파 가문은 오만이 지배하고 있던 카타르 동쪽의 바레인 지역을 침공해 차지했다. 이때 침공군을 이끌던 이가 아흐메드 빈 무함마드로 그가 바로 카타르의 1대 하킴이다. 정복자 아흐메드란 의미로 아흐메드 알 파테라고 불리기도 한다. 하지만 할리파 가문이 무력으로 뭔가를 얻은 것은 이때가 사실상 마지막이다.

아흐메드 이후 바레인은 외세의 침략을 막는 데 급급했다. 이집트의 위협도 존재했고 오만과의 싸움에서 져 식민통치를 받기도 했다. 1803년부터 1809년까지는 오만의 보호령이었고 1810년엔 직접 통치를 받았다.

그러다 1820년 영국이 중동에 진출하며 평화조약을 체결했다. 영국식 근대국가 체제가 도입되기 전인 1920년대까지만 해도 바레인은 부족위원회가 정부 기능을 하고 사회 관련 문제는 종교 법정에서 관할했다. 위원회는 진주 생산, 팜농장, 어업 등 경제 전반에 관여했고 원하는 만큼 세금을 걷을 수 있는 절대 권력을 갖고 있었다. 1869년부터 1923년까지 무려 54년간 바레인을 통치한 이사 빈 알리는 바레인의 최장기 군주로 남아 있다.

하지만 이후 1920년대부터 대대적인 행정 개혁이 이뤄졌고 근대국가의 모습을 갖추게 됐다. 뒤를 이은 하마드 빈 이사는 영국인 찰스 벨그레이브를 고문으로 둔다. 사실상 영국이 통치하는 그림으로 개혁이 이뤄진 셈이다.

하지만 바레인 역사에 가장 큰 변화를 가져온 것은 석유다. 바레인석유회사가 석유 탐사를 시작해 1932년 처음으로 석유가 나왔다. 이후 바레인 경제는 어업과 진주 생산에서 석유산업으로 중심을 옮기게 된다.

바레인은 시아파가 다수이고 통치 세력인 수니파는 소수다. 의회 해산은 종파 갈등으로 전이됐고 이후 바레인은 지금까지도 시아파의 끊임없는 반정부 시위로 몸살을 앓고 있다.

시아파 이란과의 관계도 국내 정세에 영향을 미쳤는데 1981년엔 이란에서 파생된 '바레인해방이슬람전선'이 바레인 지도 세력을 암살하고 정권을 전복하려는 쿠데타를 꾀하기도 했다.

하킴, 에미르, 왕, 무엇이 다를까?

중동 각국에서 왕을 부르는 칭호는 여러 가지다. 하킴Hakim이 되기도 하고 에미르Emir 혹은 아미르Amir가 되기도 한다. 하킴과 에미르, 왕, 무엇이 다를까.

'하킴'이란 칭호는 '왕'보다는 '통치자', '군주'의 의미를 띤다. 바레인에선 초대 왕인 아흐메드 이븐 무함마드 이븐 할리파 이후 열두 명의 지도자가 1971년 영국으로부터 독립을 쟁취하기 전까지 모두 '하킴'이란 칭호를 썼다.

원래 하킴은 '통치자', '지사', '판사' 등의 의미로 한 지역의 지배자라는 뉘앙스다. 하킴은 히브리어인 '하캄hakham'과도 비교할 수 있다. '하킴 알 바레인'이라는 말은 굳이 해석하자면 '바레인의 관리자caretaker of Bahrain' 정도다.

'하킴'은 이밖에도 '현명한 사람', 약초로 사람을 치료하는 '의사' 등으로 쓰이며, 종교, 과학, 의학, 이슬람 철학 등의 지식을 가지고 있는 박식한 학자를 언급할 때도 쓰였다.

'에미르' 혹은 '아미르'는 '명령하다'라는 말에서 파생됐다. '황제emperor' 혹은 '사령관command in chief' 등의 뜻과 통한다. 특정 지역을 통치하는 사람이란 의미가 있어서 '토후'나 '족장'이란 의미로도 사용된다. 봉건주의적 관점에서 '왕자'에게 에미르의 칭호를 쓰기도 한다.

현대 아랍 국가나 작은 아랍 소국에서 '에미르'를 쓰며 바레인에서는 이사 이븐 살만 알 할리파 전 국왕과 하마드 이븐 이사 알 할리파 현 국왕이 이 칭호를 썼다. 에미르는 이슬람의 예언자 무함마드의 칭호 가운데 하나이기도 하다.

바레인에서 왕을 칭하는 말은 '말리크Malik'다. 하마드 이븐 이사 국왕이 입헌 군주제를 도입하고 2002년 왕위에 오르면서 이 호칭을 사용했다. 역시 지도자나 통치자를 의미한다. 하마드 이븐 이사 국왕은 바레인에서 에미르, 말리크를 모두 사용했다.

하마드 국왕은 2016년 6월 칙령을 통해 종교와 정치의 경계를 명확하게 해야 한다는 뜻을 분명하게 밝혔다. 종교 기관(이슬람 기관) 안에서 행해지는 설교나 강의 등을 통해 정치적인 발언을 해서는 안된다는 내용이다. 얼핏 종교계와 정치계가 서로의 영역을 인정하고 서로 영향력을 미쳐서는 안된다는 것처럼 보이지만, 종교에 기대 정치적인 목적을 달성하려는 시도를 차단하려는 의도로도 해석된다.

하마드 국왕은 앞서 정치인들이 어떤 사안에 대해 공론화를 하여 논쟁을 하면서 자신들의 정책과 정치적 의도를 관철시키기 위해 종교적 모임이나 단체를 활용하는 것을 금지했다. 이번 칙령으로는 특정 종교 단체나 종교인이 정치적인 역할을 하려 하면 먼저 종교인으로서의 지위를 포기하거나 종교 단체로서의 입장을 포기해야 한다.

바레인에서 국왕의 칙령은 사실상 법과 같다. '에미르'보다 '말리크'가 바레인 국왕에 더 잘 어울린다.

국기	개요	
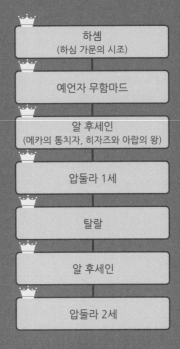	국왕	압둘라 2세
	왕가명	하심
	수도	암만
왕실 문장	면적	8만 9,342km²
	인구	약 793만 명
	1인당 GDP	5,599달러
	언어	아랍어
	주요 종교	이슬람교(수니파 92%), 기독교(6%)

: 계보도

하셈
(하심 가문의 시조)

예언자 무함마드

알 후세인
(메카의 통치자, 히자즈와 아랍의 왕)

압둘라 1세

탈랄

알 후세인

압둘라 2세

요르단

석유 없이도 중동의 강자로 우뚝 서다

2015년 1월 요르단 공군 소속 무아트 알카사스베 중위가 조종하던 전투기가 이슬람국가IS에 의해 격추돼 사로잡힌 뒤 화형에 처해진다.

요르단 국왕 압둘라 2세는 '피의 복수'를 맹세한다. 요르단 국민들도 압둘라 2세를 열렬히 지지했고, 이는 '압둘라 신드롬'으로까지 이어졌다.

그런데 압둘라 2세의 분노에는 그럴 만한 이유가 있다. 지금 IS의 근거지는 옛 요르단 왕가인 하시미테 가문House of Hashemite의 땅이며, 부왕인 후세인 국왕이 그토록 오랜 기간 공을 들였던 중동지역의 평화를 깨는 것도 바로 IS이기 때문이다. 압둘라 2세에게 IS는 반드시 응징해야 할 대상인 셈이다.

출정 준비를 마친 압둘라 2세

타고난 무골武骨 압둘라 2세

압둘라 2세는 영국 샌드허스트 육군사관학교를 졸업하고, 영국 육군 제13·18 왕립 기병대에서 복무했다. 요르단으로 돌아와 40기갑여단 장교로 임무를 수행했고, 91기갑여단에선 전차 중대장을 맡았다. 왕립 요르단 공군 대전차부대에서는 코브라 공격 헬리콥터 조종 훈련을 받기도 했다. 기갑연대장, 특전사령관을 역임하며 군 경력을 차곡차곡 쌓아나갔고 국방력 강화에 기여했다. 스카이다이빙과 레이싱, 스쿠버다이빙을 즐기는 만능 스포츠맨이기도 하다.

뜻밖의 왕위

1999년 1월, 64세의 후세인 1세는 서거 2주 전에 돌연 왕위 계승자를 자신의 동생인 하산 빈 알 탈랄에서 아들인 압둘라 2세로 전격 교체한다.

하산은 영국 옥스퍼드대학교 출신으로 아랍어와 영어, 프랑스어, 독일어 등에 능통하고 히브리어를 공부하기도 한 학자 타입이다. 평화 외교에 평생을 바쳤던 후세인 1세의 통치 철학을 계승하기에 적임자였다.

반면 압둘라 2세는 무골인 데다, 어머니는 앙투아네트 에이브릴 가디너란 이름을 가진 영국인이다. 후세인 1세가 이혼 후 재혼한 까닭에 '여왕Queen' 칭호도 얻지 못했다. 1972년에는 후세인 1세와 이혼까지 했다.

핏줄과 윤리을 중요시하는 이슬람 문화권에서는 자칫 약점일 수도 있다. 하지만 가디너는 결혼 직후 무슬림으로 개종하고 이름도 무나 알 후세인으로 바꿨다.

무나 왕비는 이혼 후에도 요르단을 떠나지 않았다. 왕실에서도 왕실 직책은 예전과 같이 유지했다. 무슬림은 국적보다 종교가 우선한다. 개가改嫁에도 비교적 관대하다. 무엇보다 영국은 현재 중동 질서의 설계자이고, 여전히 국제무대에서 막강한 영향력을 가진다.

분쟁 해결, 같은 길 다른 방법

압둘라 2세도 중동의 평화를 위한 노력에는 아버지인 후세인 1세만큼 적극적이다. 이스라엘-팔레스타인 분쟁도 중재했고, 2012년엔 국가 수반으로는 처음으로 팔레스타인 서안지구를 방문했다.

하지만 '줄타기 외교의 명수', '천의 얼굴을 가진 사나이'라는 별명을 가진 후세인 1세와 달리 압둘라 2세는 강력한 힘을 바탕으로 한 평화에 무게를 뒀다. 그는 즉위 후 첨단무기를 늘리고 F-16 전투기 편대를 증강시켰다. 다른 아랍 국가들의 주력 전차인 T-72, T-55 전차보다 성능이 뛰어난 챌린저 구축전차도 도입했다.

2015년 시리아 내전에서 요르단은 미국 주도의 국제연합군에 가담해 IS에 대한 공습을 진행했고 사우디아라비아 편에 서서 예멘 내전에도 개입했다.

절대 왕권 확립

압둘라 2세는 국내에서 자신의 힘을 확실히 하는 데도 적극적이다. 우선 후세인 1세의 유언에 따라 왕세제로 임명했던 이복동생 함자 빈 후세인을

2004년 폐위했다. 대신 2009년 자신의 아들인 후세인을 왕세자로 임명했다. 장자 승계는 왕권 강화의 대표적인 방법이다.

또 2014년에는 국왕이 총정보국GID 국장, 군 통수권자 등을 임명할 독점적 권리를 갖도록 헌법을 개정했다. 요르단 국왕은 최고군사령관이며 총리, 장관, 도지사 등을 임명할 수 있는 권한이 있다. 의회도 해산할 수 있다.

석유산업 대신 군수산업

요르단은 광산업, 제조업, 건설업, 발전 등 산업 분야가 전체 국내총생산GDP의 26퍼센트(2004년 기준)를 차지하는 것으로 알려져 있다.

최근 요르단에서 각광받는 산업 분야는 군수산업이다. 중동에서 가장 전쟁이 많은 지역에 위치한 데다, 유엔의 평화유지군 활동에도 적극적으로 참여한 덕분에 요르단군은 중동에서도 '강군'으로 손꼽힌다.

이 점에 착안해 압둘라 2세는 1999년 왕실칙령으로 방위사업체인 압둘라국왕설계개발국KADDB을 세우고 군 장비를 개발하는 데 뛰어들었다. KADDB는 요르단 공군에 원천적인 기술 지원 서비스를 제공하기 위해 마련됐지만 중동지역에 적합한 국방 지원 물품, 상업용 장비를 생산하기도 했다. 개인 장비와 장갑차량에서부터 경항공기 및 무인항공기까지 만든다. 석유가 나지 않는 불리한 경제 여건을 군수산업으로 보완하고 있는 셈이다.

아랍 최고 왕가의 파란만장 20세기

요르단 왕국으로만 따지만 지금의 압둘라 2세까지 겨우 4대代째다. 하지만 요르단 왕가가 속한 하시미테하심 가문은 아랍 최고의 명문으로 손꼽힌다. 한때 지금의 사우디아라비아, 이라크, 시리아 등 아랍 대부분을 호령했던 하심 왕가는 오스만투르크터키와의 싸움, 제2차 세계대전, 독립과 중동전쟁에 이르기까지 숱한 고난들을 겪으며 요르단 왕가로 명맥을 잇고 있다.

아랍의 명문

하심 가문은 예언자 무함마드의 직계 후손이다. 시조는 무함마드의 증조할아버지인 하심 이븐 압드 마나프다. 하심 가문은 이슬람 성지인 메카의 수호자였다. 이들은 10세기부터 1924년 사우드 왕가가 메카를 정복하기 전까지 오늘날의 사우디아라비아 대부분을 통치했다.

오스만투르크의 술탄 압둘 하미드 2세는 1908년 하심 가문의 후세인 이븐 알리를 메카의 통치자Emir로 임명했다. 하지만 후세인은 1916년 영국과 손잡고 오스만 제국에 반기를 들어 스스로 '아랍의 왕'에 오른다.

이때 하심 가문에 의해 세워진 나라들이 헤자즈, 트란스요르단, 이라크, 시리아아랍 등이다. 후세인 이븐 알리는 헤자즈를 직접 통치하고 아들 압둘라 1세와 파이잘에게는 각각 트란스요르단과 이라크, 시리아아랍 왕국을 맡긴다.

하심 가문이 영국인 토머스 에드워드 로렌스와 함께 게릴라전을 펼치면서 오스만 제국에서 독립하는 과정은 영화 〈아라비아의 로렌스〉에 담겼다.

뒤에 헤자즈 왕국은 사우디아라비아에 의해 멸망하고, 시리아아랍 왕국은 프랑스로 넘어간다. 이라크 왕국은 1958년 쿠테타로 공화국으로 바뀐다. 오늘날 요르단은 하심 가문이 통치하는 유일한 나라다.

트란스요르단의 에미르 압둘라 1세는 제2차 세계대전이 끝나고 1946년 독립해 왕위에 오르고, 1949년 국호를 '요르단 하심 왕국'으로 바꾼다.

평화로 왕국의 위상을 높인 후세인 1세

압둘라 1세가 요르단의 기틀을 마련했다면 후세인 1세는 현대 요르단의 아버지다.

1951년 할아버지인 압둘라 1세가 예루살람에서 팔레스타인 테러범에게 암살당하지만, 후세인 1세는 할아버지가 준 메달에 총탄이 맞아 가까스로 목숨을 부지했다.

압둘라 1세의 왕위는 장자 탈랄 1세에게 계승됐지만 정신질환으로 13개월 만에 물러나고 후세인 1세가 즉위한다.

후세인 1세는 왕좌에 있으면서 무려 세 차례나 이스라엘과 아랍 간의 중동전쟁을 겪는다. 요르단은 중동전쟁에서 모두 아랍연맹 편에 서지만, 후세인 1세는 이스라엘과 평화적 해결을 위해 끝까지 노력한다. 3차 중동전쟁에서는 할아버지가 수복한 예루살렘 등 요르단 강 서안을 이스라엘에게 빼앗겼지만, 4차 중동전쟁에서는 이스라엘에 아랍연맹의 기습 계획을 귀띔해준 것으로 알려졌다.

후세인 1세 때도 요르단의 군사력은 중동에서 손꼽힐 정도로 강했지만, 석유가 나지 않는 탓에 경제적으로는 서방의 원조에 의지해야만 했던 점도 친親서방 외교의 이유였다. 이스라엘과 국경을 마주해 전쟁이 벌어지면

후세인 1세(1997년)   압둘라 1세

가장 큰 피해를 보는 것도 요르단이기 때문이다.

하지만 1994년 '이스라엘-요르단 평화조약'으로 결실을 맺은 후에도 후세인 1세는 중동지역 평화를 위해 노력한다. 경제적으로 후세인 국왕은 요르단 경제의 현대화에 앞장섰다. 그는 고속도로 등 사회 간접 자본을 구축하고 국민들의 삶의 질을 개선하는 데 역점을 뒀다. 인산염과 칼륨, 시멘트 생산을 주요 산업으로 키웠다. 덕분에 1960년대에 가난한 나라였던 요르단은 1990년대 중진국 반열에 오른다.

후세인 1세는 1970년대부터 요르단을 중동의 의료 관광 중심지로도 육성했다. 요르단 민간병원협회PHA 조사 결과 2010년 한 해에만 102개국 25만 명의 환자들이 치료를 받았다. 연간 수입만 10억 달러(약 1조 1,045억 원)에 달했다.

세계은행이 선정한 세계 5대 의료 관광지 중 한 곳인 요르단에는 지금도 옛 소련 국가들, 유럽, 미국 등의 환자들이 장기 이식, 심장 수술, 레이저시력 교정 수술, 암 치료 등 다양한 분야의 치료를 위해 방문한다. 더운 봄철 기후와 홍해의 자연환경을 이용해 '내추럴 스파natural spa'가 되기도 한다.

세계에서 가장 아름다운 왕비의 러브 스토리

매년 6월이면 요르단 라니아 왕비는 소셜미디어를 통해 결혼기념일을 축하하며 남편의 자랑을 늘어놓는다. 2015년 22주년 결혼기념일에도 그녀는 인스타그램에 꽃다발을 한아름 안고 활짝 웃고 있는 자신의 사진을 올린 후 "이 남자는 결혼기념일을 밝게 빛내줄 방법을 알고 있어요"라며 남편 자랑을 늘어놨다.

라니아 왕비(결혼 전 이름은 라니아 알 야신)은 1970년 쿠웨이트에서 태어났고, 부모는 팔레스타인인이다. 요르단 국민의 절반이 팔레스타인 후손이다. 1991년 이라크가 쿠웨이트를 침공하자 가족들은 쿠웨이트에서 요르단 암만으로 피란을 가게 됐다. 이집트 카이로의 아메리칸대학에서 공부를 마친 라니아도 요르단으로 돌아와 씨티은행에서 근무하다 애플의 암만지사로 자리를 옮겼다. 1993년 1월 우연히 직장 동료와 함께 왕실 파티에 참석했고 그곳에서 친구들의 소개로 압둘라 2세(당시 압둘라 빈 알 후세인 왕자)를 만났다.

활달한 성격의 두 사람은 사막에서는 모터스포츠를, 홍해에서는 수상레포츠를 즐겼다. 라니아 왕비는 후에 한 인터뷰에서 유머감각이 뛰어나고 왕족임에도 가식이 없는 남편에게 매력을 느꼈다고 고백했다.

이들은 만난 지 두 달 만에 약 혼식을 올리고 6개월 만에 결혼했다. 결혼 당시만 해도 남편은 왕위 계승권자가 아니었다. 그런데 압둘라 2세가 왕이 되면서 라니아도 남편을 돕게 됐다. 교육과 보건, 아동 복지 등의 분야에서 활발한 활동을 펼쳤고, 넬슨 만델라 남아프리카공화국 대통

압둘라 2세 국왕과 라니아 왕비의 다정한 한때

령 등과도 아동복지 활동을 함께했다. 유엔아동기금(유니세프) 활동도 했다. 아랍에 대한 외부의 편견들을 해소시키는 데는 물론 최근 난민 문제에도 적극적이다.

2011년 경제 전문지 《포브스》는 라니아 왕비를 세계에서 가장 영향력 있는 인물 100명 가운데 하나로 꼽았다. 또 다른 한 잡지는 세계에서 가장 아름다운 왕녀(영부인)로 선정했다.

〈아라비아의 로렌스〉가 아라비아의 로맨스로

후세인 1세의 두 번째 왕비이자 압둘라 2세의 생모인 무나 알 후세인 왕비는 영국 출신이다. 무슬림 개종 전 이름은 앙투아네트 에이브릴 가디너로, 영국 이스트서포크에서 태어났으며 아버지는 아시아 지역에서 군 복

무나 왕비와 압둘라(오른쪽), 파이잘 왕자

무를 하던 영국 육군 고위 장교였다.

현재 중동의 질서는 제1차 세계대전 후 영국이 하심 가문과 함께 오스만 제국을 물리치면서 밑그림이 그려진다. 그 과정에서 결정적 기여를 한 것이 영국군 장교 토머스 에드워드 로렌스다. 로렌스의 이야기는 거장 데이비드 린 감독의 영화 〈아라비아의 로렌스〉로 만들어진다. 20세기 최고의 걸작 중 하나인 이 영화는 압둘라 2세 탄생의 시작점이기도 하다.

후세인과 가디너는 가디너의 부친이 요르단 군사 고문으로 일할 때 만난 것으로 알려졌다. 가디너는 1961년 영화 〈아라비아의 로렌스〉를 제작하던 영화사에서 일했다. 당시 요르단 국왕인 탈랄 1세는 아들인 후세인 왕자에게 영화에 출연하는 요르단 군대를 인솔하도록 지시했다. 〈아라비아의 로렌스〉는 탈랄 1세 부왕인 압둘라 1세의 이야기이기도 하기 때문이었다. 〈아라비아의 로렌스〉가 '아라비아의 로맨스'가 된 셈이다.

영화 〈아라비아의 로렌스〉의 촬영 기간은 1961년 5월 15일부터 1962년 10월까지다. 일설에는 후세인 1세와 가디너의 결혼일이 1961년 5월 25일이란 점을 들어 영화 촬영과 두 사람의 만남이 큰 관계가 없다는 주장을 제기하기도 한다. 하지만 데이비드 린 감독이 이 영화를 본격적으로 준비한 것이 1956년부터고, 촬영 기간은 실제 촬영이 이뤄진 기간일 뿐 사전 준비 과정 등을 감안하면 그 이전부터 영화 작업은 이뤄졌다고 볼 수 있다.

국기	개요	
	국왕	무함마드 6세
	왕가명	알라위트
	수도	라바트
왕실 문장	면적	44만 6,550km^2
	인구	약 3,299만 명
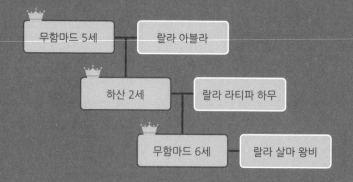	1인당 GDP	3,077달러
	언어	아랍어
	주요 종교	이슬람교

: 계보도

```
무함마드 5세 ── 랄라 아블라
        │
      하산 2세 ── 랄라 라티파 하무
             │
         무함마드 6세 ── 랄라 살마 왕비
```

모로코

타협의 왕 무함마드 6세

'작은 양보로 큰 이익을 얻다.' 이는 부유하지 않은 나라 모로코에서 세계적 대부호의 반열에 오른 무함마드 6세의 필살기다. 무함마드 6세는 언뜻 왕의 권리와 권위를 일부 포기하는 듯한 개혁을 주도했지만, 결과적으로는 강력한 왕권을 더욱 공고히 구축한 전략가다.

왕의 작은 양보에 환호하는 국민들

2011년 민주화 혁명 '아랍의 봄'이 이슬람권 국가들을 휩쓸 때 모로코에서도 시위가 벌어졌다. 무함마드 6세는 시위대와 대결하는 대신 '민주화 개헌'이라는 타협안을 내놓았다. 왕권은 축소하고 의회 권한은 강화하는 게 골자다. 그런데 분명 양보는 양보지만, 양보가 아닌 내용이다.

예를 들어 개헌 이전에는 왕이 총선 결과에 관계 없이 원하는 인물을 총리로 지명할 수 있었다. 이를 왕이 총선에서 이긴 당에서만 총리를 지명할 수 있다는 내용으로 바뀠다. 그런데 왕은 총리 탄핵권도 갖는다.

국가의 전반적 정책을 마련하는 행정협의회 주재권도 총리에게 넘겼다.[35] 사법 체계도 입법부도 행정부에서 독립시켰다.[36] 모든 시민은 생각과 예술적 표현, 창작의 자유를 지닌다는 내용도 포함시켰다. 하지만 왕은 군통수권을 비롯하여 외교 정책, 종교 관련 문제에 대한 사법권을 여전히 지니고 있었다.[37] 권력 분립이 됐지만, 어차피 왕 아래이고, 사상 자유를 가졌지만 여전히 종교권을 가진 왕이 통제할 수 있는 셈이다. 국민투표는 98퍼센트의 압도적 지지율로 개헌안을 통과시켰다.

그런데 왜 국민들은 이같은 '작은 양보'에도 환호했을까? 바로 선왕先王의 '철권 통치' 때문이다. 하산 2세가 통치했던 1961년부터 1999년까지는 모로코 인권의 암흑기였다. 재판도 없이 수십 년의 감옥살이를 하는가 하면 왕의 정치적 반대파들이 감쪽같이 사라지기도 했다.

이에 무함마드 6세는 유화책으로 국민들을 달랬다. 2004년 '모로코진실과화해위원회'를 열어 아버지 국왕 시대에 부당한 인권 침해 사례를 조사하고 배상에 나선 것이 대표적이다.

《포브스》에 따르면 무함마드 6세는 위원회의 권고를 받아들이고 2만 5,000명에 가까운 사람들에게 약 2억 달러(약 2,313억 원)의 배상금을 지

---

35. "Q&A: Morocco's referendum on reform", BBC, 2011.07.29.

36. "Maroc: le roi propose une constitution démocratique, appel à des manifestations dimanche", AFP, 2011.06.17.

37. "Moroccan King Calls for Prompt Parliamentary Elections", Voice of America, 2011.07.29.

세계의 왕실

급했다. 자연스레 철권 통치를 했던 아버지와 대조적인 인상을 남기게 된 것이다.

여성의 권리를 신장시키고, 대외관계를 돈독히 하다

가족법을 바꿔 여성의 권리를 크게 신장시킨 것 또한 이슬람권 국가에서 눈에 띄는 혁신이었다. 2004년 무함마드 6세는 여성도 남편과 함께 가족 내에서 공동의 책임자가 될 수 있도록 했다. 결혼과 이혼 시 재산 분할에 있어서도 남녀가 동등한 권리를 지닐 수 있도록 법을 바꿨다.[38]

아랍 국가의 국왕답지 않게 왕비의 권리를 크게 신장시켰다는 점이 그의 개혁을 한층 빛내주는 힘이 됐다. 얼굴을 드러내고 공식석상에 참여하는 왕비의 모습은 국민들에게 신선한 충격을 안겼다. 국왕 부부의 인기를 높이는 데도 큰 힘이 됐다.

스스로 엄청난 부를 일궜지만 동시에 가난하고 소외된 이들을 위한 '국가 인류 개발 계획INDH' 도 시행했다. 빈곤층들 사이에서도 국왕의 지지 기반을 다지게 된 계기다.

어느덧 장기 독재의 공식이 된 친 서방 행보도 잊지 않았다. 무함마드 6세는 미국과의 동맹 관

무함마드 6세

---

38. "Mfonobong Nsehe, 15 Years On The Throne: The Accomplishments of King Mohammed VI Of Morocco", *Forbes*, 2014.08.02.

계를 튼튼히 하는 동시에 아프리카와 중동 국가들과 경제 개발·안보 분야에서 협력하기로 약속하는 등 대외관계를 돈독히 하는 데 많은 노력을 기울였다. 국세적으로도 사신의 권력을 지지해 세력을 확보하고, 특히 중동-아프리카 지역에서도 지원군을 얻기 위한 전략이었다.

나라의 부는 모두 왕실로

미미하지만 민주화도 이루고, 빈민층도 어루만지고, 외치에도 성공한 무함마드 6세지만, 명군明君이라 평가받기 어려운 이유가 하나 있다. 바로 재산이다. 모로코의 모든 부富는 왕실로 집중된다. 모로코의 국내총생산 GDP은 1,020억 달러(약 112조 6,590억 원)로 세계 60위지만, 1인당 GDP는 3,046달러(약 336만 4,307원)로 세계 123위다. 차이가 크다.

《포브스》가 집계한 2015년 기준 무함마드 6세의 순자산은 57억 달러(약 6조 6,035억 원)에 이른다. 아프리카 대륙에서 다섯 번째로 큰 부자다.[39]

모로코 왕실은 국가 투자회사SNI의 최대 주주다. 본래 국영 기업이었던 SNI는 2013년 ONA그룹과 합병해 지주회사가 된 후 비상장기업으로 전환됐다.

SNI는 모로코의 주요 사업체들로 구성된 포트폴리오를 보유하고 있을 뿐만 아니라 다양한 분야의 사업들을 운영하고 있다. 아티자리와파은행,

---

39. "Africa's 50 Richest", *Forbes*, 2015

채굴 회사인 마나젬, 관광업과 부동산업 회사인 소메드, 와파보험회사, 대형할인점 체인인 마르제인, 통신업 회사인 와나-인위, 철강 회사인 소나시드, 시멘트 제조회사인 라파지 마록, 에너지 기업인 나레바 등 일일이 열거하기도 쉽지 않다. 식품 가공업 회사들도 소유하고 있지만 여기에서는 점차 손을 떼는 추세다.

토지와 농장도 무함마드 6세가 가장 많이 가졌다. 그의 지주회사 시제르는 아버지 하산 2세가 세운 농업 그룹 '레 도멘 아그리콜'의 주주다. 레 도멘은 1만 2,000헥타르(약 1억 2,000만 제곱미터)의 농지를 소유하고 있다.[40]

텔퀼에 따르면 2008년 기준 레 도멘의 수익은 1억 5,700만 달러(약 1,821억 원)였다. 그 해 수출한 감귤류 과일의 양만 17만 톤에 이른다.

이슬람 국왕의 일편단심 이끌어낸 마력의 왕비

정치에도 능하고, 재산을 불리는 데도 탁월한 무함마드 6세지만, 열다섯 살 어린 부인에게는 순한 양이다. 모로코가 엄격한 이슬람 율법의 벽을 넘어 여성 인권에 눈을 뜬 것도 왕비의 공이라는 게 일반적인 해석이다.

무함마드 6세의 부인 랄라 살마 왕비는 모로코 국왕의 부인으로서 '처음'이라는 수식어를 여러 방면에서 얻었다.

국왕의 부인으로서 왕실의 공식 칭호를 얻게 된 것도 랄라 살마 왕비

---

40. 'Mohammed VI of Morocco', wikipedia, 접속일자 2015.11.27., en.wikipedia.org/wiki/
Mohammed_VI_of_Morocco#cite_note-31

랄라 살마 왕비

가 처음이다. 평민 출신인 왕비는 결혼 후 '비 전하'라는 명칭을 얻게 됐다. 이전에 왕과 결혼한 여성들은 왕의 자녀의 '어머니'일 뿐이었다.

랄라 살마 왕비는 결혼 전 사진이 공개되고, 비교적 자유롭게 일반에 모습을 드러내는 첫 모로코 국왕의 부인이다. 이전에는 국왕의 결혼은 비밀에 부쳐졌고, 왕의 부인은 궁전 깊숙한 곳에 머물러야만 했다. 무함마드 6세는 랄라 살마 왕비와 결혼하면서 그 전통을 깼다. 결혼식 며칠 전 국왕은 예비 부인과 함께 찍은 사진을 공개했다.[41] 큰 키와 붉은 머리카락을 지닌 예비 왕실 안주인의 모습에 국민들은 환호했다.

무함마드 6세가 결혼 시 일부다처제를 포기했다는 점도 랄라 살마 왕비가 특별하게 남은 이유였다.[42] 무함마드 6세의 선대를 고려해봐도, 사우디아라비아 등 왕실이 남아있는 다른 이슬람권 국가를 떠올려봐도 이례적인 선택이 아닐 수 없다.

갖가지 '첫' 타이틀이 아니더라도 랄라 살마 왕비의 이력은 눈길을 끌

41. "Mademoiselle Lilo, Marriage of King Mohammed VI and Miss Salma Bennani", The Royal Forums, 접속일자 2015.11.27., www.theroyalforums.com/36154-marriage-of-king-mohammed-vi-of-morocco-and-miss-salma-bennani/

42. Sarah Haagerup, "The red-haired bride who changed Morocco", Royalista, 2014.03.22.

기에 충분했다. 특별히 내세울 것 없는 집안 배경뿐 아니라 공학을 공부한 컴퓨터 엔지니어였다는 점에서도 주목 받았다. 세 살 난 아기 시절 어머니를 잃고 외할머니 손에서 컸지만 누구 못지않게 훌륭하게 자랐다는 점도 랄라 살마 왕비에 대한 긍정적인 평가에 한몫했다.[43] 평범한 집안에서 태어나 공학도로서 열심히 공부해온 이력과 미모로 모로코 여성들의 우상으로 자리 잡았다.

공주와 국왕의 연애담은 자세히 알려져 있지 않다. 1999년 한 사적 파티에서 만났다는 것 정도다. 국왕 부부는 2002년에 결혼해 슬하에 물레이 핫산 왕자와 랄라 카디자 공주 등 두 명의 자녀를 두고 있다.

350여 년 동안 명맥을 이어온 알라위트 왕조

8세기 모로코 최초의 통일 왕조인 이드리스 왕조를 시작으로 몇몇의 왕조가 나타나고 사라진 뒤 1665년 권력을 잡은 알라위트 왕조가 현재 왕실의 뿌리다. 제국주의 시절 열강의 침공을 받기도 했지만 국가 독립에 앞장서 위기를 극복하고 350여 년 동안 명맥을 이어가고 있다.

통일 왕국의 기틀을 닦은 것은 2대 통치자였던 물레이 이스마일 술탄이었다. 선대 왕에게 물려받은 나라는 부족 전쟁과 왕위 계승 문제로 크

---

43. "Happy birthday Princess Lalla Salma of Morocco: Ten facts about the royal", *Hellomagazine*, 2014.05.10.

게 약화돼 있었다.[44] 이스마일은 불복종하는 부족들을 굴복시키고 왕국을 재통일해 강력한 통치권을 행사했다. '블랙 가드' 등 강력한 군사력이 술탄 이스마일의 힘을 뒷받침했다.[45] 하지만 1727년 그의 사후 강력한 통제 장치가 사라진 모로코는 또 다시 상당 기간 불안정한 상태를 겪어야 했다.

왕국이 다시 안정된 것은 1757년 등극한 무함마드 3세 술탄 때다. 그는 부족들의 자치권을 인정하는 개혁을 단행했다. 서구 열강과 여러 평화 조약을 맺고 도시 에사우이라를 부흥시켜 교역을 활발히 했다. 1787년 모로코는 왕국으로서는 세계 최초로 미국 독립을 승인하면서 미국과 친선 조약을 맺은 최초의 무슬림 국가이자 아프리카 국가가 됐다.[46]

그러나 친구였던 서구 열강들은 19세기 들어 등을 돌리기 시작했다. 모로코는 1907년 스페인과 독일, 이탈리아, 영국에 분할 강점되기에 이르렀다.

열강의 침략을 막으려 노력하고 국가 독립에 앞장섰던 것이 현대에 이르러서도 왕실의 정통성을 유지시켜주는 힘이 됐다. 하산 1세는 스페인이 모로코의 항구를 점령하자 이를 마드리드회의에서 논의하고자 노력했다.

무함마드 6세의 할아버지인 무함마드 5세 국왕은 제2차 세계대전 후 모로코 독립을 추진하다가 강제 망명을 당했다. 그런 와중에도 1955년 망명지에서 모로코의 독립을 일방 선언해 이듬해 프랑스와 스페인이 이를 인

44. 'Ismail Ibn Sharif', wikipedia, 접속일자 2015.11.28., en.wikipedia.org/wiki/Ismail_Ibn_Sharif

45. 'Black Guard', wikipedia, 접속일자 2015.11.26., en.wikipedia.org/wiki/Black_Guard

46. 'Mohammed ben Abdallah', wikipedia, 접속일자 2015.11.21., en.wikipedia.org/wiki/Mohammed_ben_Abdallah

정하기에 이른다.[47]

2016년 10월말 모로코에서 대규모 반정부 시위가 벌어졌다. 북부 항구 도시 호세이마에서 한 생선 장수가 경찰의 단속 과정에서 처참하게 목숨을 잃은 사건 때문이다. 생선 장수 무흐친 피크리는 어종 보호 때문에 판매가 금지된 황새치를 판매했다는 이유로 단속을 당했고, 압수된 황새치는 쓰레기 수거차에 처넣어졌다. 피크리는 전 재산인 생선들을 건지려 트럭 안으로 몸을 던졌고, 이 순간 쓰레기 분쇄기가 작동했다.

이 사실이 소셜 미디어로 알려지면서 호세이마는 물론 수도 라바트 등 주요 도시에서 시민 수만 명이 반정부 시위를 벌였다. 이들은 "누구나 쓰레기 수거차 안에서 죽어갈 수 있다. 우리 모두가 피크리다"라고 외쳤다. 시 당국이 철저한 진상조사를 약속하고, 국왕 무함마드 6세가 내무 장관을 보내 조의를 표했지만 분노는 식지 않았다. 라바트와 마라케시, 탕헤르, 카사블랑카에서도 수만 명이 연대 시위를 했다.

누구나 경찰 등 고압적인 관료들에게 모욕과 인권 침해를 당할 수 있다는 이유다. 민심은 기득권 전체에 대한 저항으로 번졌다. 청년실업률이 30퍼센트가 넘고, 빈부격차도 심해진 상황이 시민들의 분노를 더욱 키웠다. 나라의 부를 독식한 상태에서 빈곤층을 달래려고 했던 무함마드 6세 한계가 드러난 순간이었다.

---

47. 〈모로코의 역사〉, 《모로코 개황》, 외교부, 2010

국기	개요	
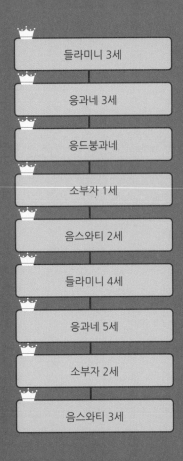	국왕	음스와티 3세
	왕가명	응코시 들라미니 집단
	수도	음바바네
왕실 문장	면적	1만 7,365km²
	인구	111만 9,000명
	1인당 GDP	3,847달러
	언어	영어, 시스와티어
	주요 종교	개신교, 가톨릭교, 이슬람교, 토착신앙

SIYINQABA

: 계보도

들라미니 3세

응과네 3세

응드붕과네

소부자 1세

음스와티 2세

들라미니 4세

응과네 5세

소부자 2세

음스와티 3세

스와질란드

민족주의와 전통문화에 기댄 권력

'에이즈 왕국', '빈민의 나라'. 아프리카의 마지막 절대왕정 국가 스와질 란드의 현재 모습은 처참하다. 2011년 정부 통계에 따르면 성인(18~49세) 중 후천성면역결핍증후군HIV 감염자가 31퍼센트에 이른다. 사망률 1위인 에이즈로 인해 평균 수명은 53.1세로 세계에서 182위다. 인구의 63퍼센트 가 하루 1.25달러(약 1,380원) 미만으로 생계를 꾸린다. 스와질란드의 지니 계수(소득 분배의 불평등도를 나타내는 지표)는 51.5로 높다. 유엔개발계획UNDP 이 평가한 부의 평등 순위에서 187개국 중 170위로 최하위권이다.

그런데도 내란과 내전이 끊이지 않는 다른 아프리카 국가들과 다르게 국 정은 꽤 안정적이다. 연중 온난한 기후에 강원도 크기만 한 작은 면적, 인 구 110만 명의 소국은 19세기 초 영토를 평정한 소부자 1세 국왕 이래 순탄한 왕정을 유지하고 있다.

독립의 아버지 소부자 2세

국왕 음스와티 3세의 부왕인 소부자 2세는 모친의 섭정을 포함해 무려 83년 동안 통치했다. 그는 부인 75명과의 사이에서 200명이 넘는 자식을 뒀다.

소부자 2세는 지금의 입헌군주국가의 기틀을 마련한 인물이다. 민족운동을 일으켜 1968년 영국으로부터 나라를 독립시켰다. 그는 식민주의 잔재 청산을 이유로 모든 정치 정당과 노동당의 활동을 금지시켰지만 결국 내각제를 도입했고, 1978년 첫 선거도 치렀다. 부국에 힘써 재임 중 농업, 광업의 발전 등 경제 발전이 이뤄졌다.

독특한 군주 민주주의

지식이 많으니 권력 다툼이 없을 리 없다. 1982년 소부자의 서거 이후 1986년 18세의 젊은 나이로 왕위에 오른 음스와티 3세는 정적 제거에 힘썼다. 부왕 때 많은 영향력을 행사했던 전통왕실자문단을 해산시키고, 정부 관리들을 숙청했으며, 언론을 탄압했다. 권력층과의 혼인을 통해 지지기반을 넓혔다.

음스와티 때부터 왕은 행정, 입법, 사법을 사실상 장악한 절대 권력자로서 군건해졌다. 스와질란드는 군주제에 서방 의회 민주주의를 결합시킨 독특한 군주 민주주의를 주창한다.

상하원 95명 중 30명을 국왕이 임명한다. 65명은 선거를 통해 선출하는데, 부족장의 동의를 받아야 하며, 부족장 또한 국왕이 임명한다. 국회의

장, 장관 임명권도 왕의 권한이다. 의회는 왕이 국민의 소리를 듣기 위한 자리인 옛 부족장 회의 '리쿼쿼'의 연장선에 불과하다. 국민이 선출한 평민은 '틴쿤들라'라고 부르는데, 이 평의원들은 경제난 등 국가적 어려움이 발생할 때 국민의 지탄을 한몸에 받는다. 민의를 왕에게 제대로 전달하지 못해서 발생한 재난이지, 왕의 책임은 아닌 것이다.

끝없는 사치와 부정 축제

일부다처제 사회에서 음스와티는 잘생겼으며, 부인을 여럿 둔 완벽남으로 선망의 대상이다. 현재 국왕은 부인 열네 명, 자녀는 30명을 뒀다. 숫자는 부왕에 비해선 소박하다. 하지만 에이즈 확산 방지 조치로 2001년 처녀의 성생활을 금지하는 명령을 내린 지 이틀 만에 자신이 이를 어기는 등 행실은 방탕하다.

음스와티 3세의 재산은 500만~2,000만 달러(약 58억~231억 원)로 추정될 뿐 정확한 규모는 알 수 없다. 그는 국가투자회사 '티비요 타카응웨인'을 통해 왕실설탕회사RSSC, 호텔 체인인 스와지스파, 쇼핑몰과 부동산 회사, 통신회사를 보유하고 있다.

또 열두 개의 왕궁과 한 대의 전용기도 갖고 있다. 2004년에는 부인들에게 왕궁을 하나씩 나눠주기도 했다. 2005년에는 벤츠 S-350을 여덟 대나 구입해 물의를 빚었다.

최근에도 국왕의 낭비벽이 논란이 됐다. 3년 전 생일 선물로 받은 맥도널 더글라스의 DC-9이 싫증났던지 2015년 2월에 에어버스 A340-300 HGW 구매 협상에 나선 것이다.

A340-300은 복도 양편으로 승객 85명을 태울 수 있는 크기에 가격은

3,000만 달러(약331억 3,500만 원)로 DC-9의 두 배다. 총리가 재정난을 호소했지만 2015년 8월 의회는 새 전용기 구매안을 통과시켰다.

국왕의 장녀 시간니소 들라미니 공주도 사치스럽긴 마찬가지다. 영국 사립학교를 나와 영국과 미국에서 대학 수학을 한 공주는 15세인 2003년에 미국과 영국을 여행하면서 국고 10만 달러(약 1억 1,045만 원)를 썼다.

유학 중인 2009년에 한 대학신문과의 인터뷰에서 공주가 되어서 좋은 점은 "사치스러운 삶을 감당할 수 있는 것뿐"이라고 답했다. 그러면서 왕실을 찬양하는 노래를 담은 음반도 냈다. 왕실 반대 트위터 계정인 '스와지리크스'에는 공주가 프랑스 휴양지 칸의 인터컨티넨탈 호텔 수영장에서 휴가를 만끽하는 사진이 올라온 적이 있다.

최근 국제통화기금IMF은 스와질란드에 금융 위기가 재발할 수 있다고 경고했다. 2011년에 음스와티는 남아프리카공화국에 24억 랜드(약 1,984억 800만 원) 규모의 구제금융을 요청했다. 국가 재정의 50퍼센트는 남아프리카관세동맹으로부터 나오는데, 남아프리카공화국과 함께 스와질란드의 경제는 악화일로다. 그런데도 2015년 국왕의 연봉은 7억 9,200만 랜드(약 654억 7,464억 원)로, 전년보다 무려 25퍼센트 늘었다. 이는 전체 국가 예산의 5퍼센트에 해당한다.

축제는 끝나지 않았다

스와질란드는 갈대 축제로 유명하다. 수천 명의 처녀들이 국왕 앞에서 반라의 차림으로 갈대를 들고 춤을 추는 도중 왕비를 간택하는 전통행사다. 현대에 와서는 성인식에 가깝다. 실제 왕이 축제의 자리에서 왕비를 간택하지는 않는 것으로 알려져 있다.

갈대 축제를 즐기기 위해 전국 각지에서 10대 소녀들 수만 명이 모이는데, 이들은 수십 킬로미터 거리를 노래하며, 춤추며 행진한다. 그 맨앞은 왕실 공주들이 이끈다. 축제의 하이라이트는 국왕 알현이다. 왕이 처녀들 사이를 돌면서 처녀들에게 고개를 숙여 예를 갖추는 것으로 성인이 되었음을 인정해준다. 처녀들은 용상을 가까이서 볼, 일생에 단 한 번뿐인 기회를 얻는 것만으로 행복해한다. 마지막으로 왕실이 제공한 만찬을 즐기는 것으로 축제는 끝이 난다.

축제는 국민과 왕이 소통하고, 전통과 민족적 자긍심으로 하나되는 자리다. 동시에 처참한 현실의 고통을 잊게 하는 마약이자, 왕정에 대한 비판을 멀게 하는 정치 프로파간다의 하나다.

음스와티 3세의 부인들

일부다처제 국가 스와질란드의 왕실은 막장 드라마가 따로 없다. 가지 많은 나무에 바람 잘 날 없다더니 음스와티 3세 국왕의 열네 명의 부인의 사연이 그렇다.

첫째, 둘째 왕비까지는 왕의 선택이 아닌 국가평의회의 요건에 맞춰 정치 목적으로 간택된다. 마체불라 씨족의 일원인 첫번째 왕비 라마체불라에겐 '대부인'이란 칭호가 붙는다. 전통적으로 첫번째 부인과의 사이에서 낳은 아들은 왕위 계승을 주장할 수 없다. 네 자녀를 둔 두 번째 왕비 라모도네는 1996년부터 유엔개발프로그램UNDP 친선대사, 스와질란드 말컨스여

음스와티 3세와 람비키자 왕비의 백악관 방문

학교 후원자로 뛰고 있다.

세 번째 왕비 람비키자부터 국왕이 스스로 신대한 왕비다. 그는 복음가수 출신으로 1986년 결혼했다. 부친은 전 검찰총장 출신 스와질란드대학 법대 교수, 모친은 간호사이자 반사요법사였다. 람비키자가 공식 영부인으로 활동한다. 에이즈 퇴치를 위한 왕실 자선재단 등을 운영하며, 가스펠 음반을 내기도 했다. 딸이자 국왕의 장녀 역시 랩퍼 겸 가수다.

1987년에 결혼한 네 번째 부인 라은강가자는 쇼핑광이다. 그는 2012년에 아홉 번째 부인 라마공고, 열세 번째 부인 라은캄불레 등의 자녀와 함께 66명의 왕실 대표단을 이끌고 국왕 전용기를 타고 미국 라스베이거스에서 여름 휴가를 즐겨 논란이 됐다. 이들은 국고에서 수백만 랜드를 썼다. 1일 숙박료가 2만 랜드(약 165만 3,400원)인 빌라 열 채에 나눠 묵었다. 당시 교사들이 임금 인상을 요구하며 5주간 파업 중인 상황에서 부적절한 처신이란 비판이 일었지만, 정부는 이를 부인했다.

다섯 번째 부인 라활라, 여섯 번째 부인 라마그와자는 같은 해인 2004년에 왕실을 탈출했다. 라활라는 아이 셋을 낳은 뒤 보안 요원들의 감시를 따돌리고 이웃 남아프리카공화국으로 도피했다. 라마그와자는 젊은 남아프리카공화국 남성과 혼외 관계를 즐기다, 이 애인이 쓴 편지가 발각되면서 관계가 들통났다. 이후 탈출에 성공한 라마그와자는 현재 남아프리카공화국 기업가와 결혼해 아이까지 낳아 살고 있는 것으로 전해진다.

일곱 번째 부인 라마상고는 19세인 2000년에 국왕과 결혼했다. 고등학교 시절 잦은 결석으로 정학을 맞는 등 문제아였다. 이를 보도한 현지 매체 편집인이 체포돼 자리에서 물러났다고 《뉴욕타임스》가 보도했다. 궁에선 정숙해진 라마상고는 그림에 취미를 붙여 자신의 작품을 경매에 붙여 수익금을 자선단체에 내놓고 있다.

여덟 번째 부인은 라기자로 알려진 안젤라 들라미니다. 그는 왕실을 떠난 세 번째 왕비다. 왕실 입성 10년 만인 2012년 5월에 딸을 남겨두고 남아프리카공화국으로 도피했다. 당시 왕실을 떠나는 이유를 남편의 감정적·육체적 학대라고 밝혀 세계 언론의 주목을 받았다.

라기자와 같은 해인 2002년에 결혼한 아홉 번째 라마공고는 국왕이 아끼는 후궁 중 한 명이다. 고등학교 시절 운동을 잘했고, 신앙심이 깊다. 2004년 《가디언》과의 인터뷰에서 그는 "에이즈가 왕실에도 들어올 수 있음을 알고 있지만 신과 남편을 믿기 때문에 안심할 수 있다"고 말했다.

열 번째 부인 라마랑구는 18세 때 학교에서 왕실 인사 두 명에게 납치당한 일화로 유명하다. 그의 엄마가 경찰에 실종 신고까지 했다. 하지만 다음 날 왕실 사람들이 찾아와 딸이 왕비가 될 것이란 소식을 전했다. 딸의 의사가 묵살됐다고 생각한 엄마는 왕실을 상대로 소송을 냈지만 절대군주국가에서 이길 리 없었다.

열한 번째 부인 라은텐테사는 2005년 결혼한 뒤 장애복지 시설 후원 활동을 하는 등 비교적 얌전한 축에 속한다.

열두 번째 부인 라두베는 결혼 5년 만인 2010년에 법무부 장관과 혼외

정사를 벌여 모후 궁에 평생 연금령을 받았다. 염문 상대인 장관은 해임됐고 징역 22년형을 선고받았다.《데일리메일》에 따르면 경찰이 궁궐에서 불과 7마일 떨어진 호텔을 급습했을 때 장관은 침대 밑에 숨어 있었다고 한다. 2011년 11월에 라두베는 왕실에서 강제로 추방됐다.

열세 번째 부인 라은캄불레는 2007년 17세에 갈대 축제에서 1만 명의 여성들과의 경쟁에서 국왕의 시선을 잡는 데 성공했다. 국왕은 자신이 정한 18세 미만 여성의 혼인 금지령을 어겨 벌금을 내면서까지 라은캄불레를 부인으로 맞는 데 열중했다.

열네 번째 부인 신디스와 들라미니는 미인대회 출신이다. 고등학교를 갓 졸업한 18세에 국왕이 참관한 미인대회에 출전했다가 왕비로 발탁됐다.